Gute Pflege braucht Kraft

AF551282

Erste Hilfen, Band 19

© Diana Krammel

Nicole Lindner, geb. 1978, ist Sozialpädagogin bzw. Pflegeberaterin und seit 2010 in unterschiedlichen Bereichen der Pflege tätig. Seit 2017 ist sie selbst pflegende Angehörige und kennt alle Höhen und Tiefen der häuslichen Pflege. Daneben betreibt Nicole Lindner eine Website für Persönlichkeitsentwicklung und hat bereits mehrere Bücher veröffentlicht. Sie lebt auf dem Land und genießt mit ihrem Mann die Natur. *www.soziale-dienste-regensburg.de*

Nicole Lindner

Gute Pflege braucht Kraft

Selbsthilfe für pflegende Angehörige

Mabuse-Verlag
Frankfurt am Main

Bibliografische Information der Deutschen Nationalbibliothek
Die Deutsche Nationalbibliothek verzeichnet diese Publikation in der Deutschen Nationalbibliografie; detaillierte bibliografische Daten sind im Internet über http://dnb.dnb.de abrufbar.

Informationen zu unserem gesamten Programm, unseren Autor:innen und zum Verlag finden Sie unter: www.mabuse-verlag.de.

Wenn Sie unseren Newsletter zu aktuellen Neuerscheinungen und anderen Neuigkeiten abonnieren möchten, schicken Sie einfach eine E-Mail mit dem Vermerk „Newsletter" an: online@mabuse-verlag.de.

©2023 Mabuse-Verlag GmbH
Kasseler Str. 1 a
60486 Frankfurt am Main
Tel.: 069-70 79 96-13
Fax: 069-70 41 52
verlag@mabuse-verlag.de
www.mabuse-verlag.de
www.facebook.com/mabuseverlag

Projektkoordination und Lektorat: Simone Holz, Pisa, www.lektorat-redazione-holz.eu/
Satz und Gestaltung: Walburga Fichtner, Köln
Umschlagabbildung: © istockphoto.com/DrAfter123
Umschlaggestaltung: Marion Ullrich, Frankfurt am Main
Druck: SOL Service GmbH, Schrobenhausen
ISBN: 978-3-86321-638-2
Printed in Germany
Alle Rechte vorbehalten

Inhaltsverzeichnis

Vorwort

Es ist drei Uhr nachmittags. Während ich diese Zeilen schreibe, liegt meine Mutter neben mir und schläft. Die Medikamente, welche sie nimmt, machen sie müde. So müde, dass sie mehrere Stunden am Tag ruht und dazwischen eine Vielzahl von Tabletten einnimmt. Alle Pillen (täglich elf Stück) richte ich ihr Woche für Woche in ein kleines Kästchen ein und sie schluckt sie morgens und abends mit je einer Handvoll Wasser. *Ich könnte das nicht*, denke ich mir jedes Mal, wenn ich sie dabei beobachte, doch meine 74-jährige Mutter ist seit ihrem Schlaganfall pragmatisch geworden. Sie fügt sich ihrem Schicksal und nimmt hin, was geschieht. Sei es, dass bei uns Woche für Woche unterschiedlichste Menschen das Haus betreten, man ihr gegen die Spastik schmerzhafte Spritzen in die Armbeuge rammt, sie von ihrer Tochter in intimsten Regionen gesäubert wird oder dass sie dreimal pro Woche eine Einrichtung besucht, welche sich Tagespflege nennt. Da ist nicht mehr viel mit Autonomie und noch weniger mit Intimsphäre. Seit Mamas Schlaganfall ist alles um sie herum auf sie abgestimmt, das verhält sich nun schon seit fünf Jahren so. Als sie damals nach einem Routineeingriff im Krankenhaus erwachte, konnte sie plötzlich ihre Hand nicht mehr bewegen, genauso wenig das linke Bein. Eine „Funktionsstörung" sei das, wie uns die Ärztinnen und Ärzte mehr oder weniger im Vorbeigehen mitteilten. Dass der Begriff eine Halbseitenlähmung verkörperte, die nie wieder weggehen und unser aller Leben auf den Kopf stellen sollte, ahnte damals keiner von uns. Erst, als wir unsere herzensgute Mutter und Ehefrau mit blassem Gesicht im Krankenhausbett liegen sahen, den Mund verzogen und den Arm wie einen verletzten Flügel auf der Bettdecke ruhend, wussten wir, dass bei der Operation etwas ganz gehörig schiefgelaufen war. Was anschließend geschah, ist die Geschichte vieler schwerkranker Menschen: Rehabilitation, erneuter (zunächst vom Fachpersonal nicht erkannter) Schlaganfall, wieder Krankenhaus und zurück in die Reha, nach acht Wochen austherapiert und schließlich als Pflegefall nach Hause entlassen.

Bei aller Freude über die Entlassung kam meine Mutter in ein Zuhause zurück, das sie so nicht mehr wiedererkannte. In aller Eile hatten mein Vater, mein Bruder und ich zwischenzeitlich das Bad umgebaut und das Wohnzimmer zu einem Schlafzimmer umfunktioniert. Darüber hinaus verfügten wir über eine Unmenge an Hilfsmitteln, welche uns bei der täglichen Pflege unterstützen sollten. Anfangs wussten wir nicht, wozu wir welches Hilfsmittel verwenden sollten, doch das lernten wir schnell. Bis zum heutigen Tag steht in unserem ehemaligen Wohnzimmer ein Pflegebett. Daneben befindet sich ein Rollstuhl, mit dem mein Vater oder ich Mama zur Toilette begleiten, sofern sie das Bedürfnis dazu hat. Haben wir Glück, passiert das nur einmal in 60 Minuten, läuft es schlecht, schieben wir sie mehrmals pro Stunde durch das Haus. Dann heben wir sie aus dem Bett in den Rollstuhl, fahren sie durch das Esszimmer ins Bad, setzen sie auf die Toilette und warten. Ist meine Mutter fertig, helfen wir ihr beim Anziehen, rollen sie wieder zurück und legen sie ins Bett. Doch das ist nicht alles. Möchte sie etwas trinken, reichen wir ihr einen Tee. Liegt sie unbequem, richten wir ihr das Kissen. Hat sie Lust auf fernsehen, drücken wir ihr die Fernbedienung in die Hand. Das geht Tag und Nacht so, 168 Stunden pro Woche, 365 Tage im Jahr. Daneben sind wir in aller Regelmäßigkeit bei Ärzt:innen und im Sanitätshaus, erledigen den Bürokram bzw. Haushalt und leiden an der beständigen Angst, dass es Mama schlechter gehen könnte und wir irgendwann aus Geldmangel das Haus verkaufen müssen.

Seitdem mein Vater und ich das leisten, was sich Pflege nennt, wissen wir sehr genau, was sich hinter der Statistik von *fast fünf Millionen häuslich Pflegenden alleine in Deutschland* verbirgt. Wir wissen, mit welchen Problemen, Ängsten und Belastungen sowohl die Betroffenen als auch die Angehörigen Tag für Tag konfrontiert sind. Daneben kennen wir noch weitere Menschen, die sich regelmäßig verausgaben und oft bis ans Ende ihrer Leistungsfähigkeit gehen – nicht selten sogar darüber hinaus. Genau aus diesem Grund ist es mir ein Herzensanliegen, dieses Buch zu verfassen. Ich möchte verhindern, dass pflegende Angehörige aus Sorge um ihre Lieben ausbrennen und sich selbst immer mehr vergessen. Mein Wunsch ist es, diesen mutigen, couragierten Menschen eine Stütze an die Hand zu geben, die den oftmals stressigen Pflegealltag unterbricht. Dabei ist der Ratgeber als eine Art Inspirationsquelle gedacht, bei der sich jede:r das herausgreifen kann, was sie bzw. ihn anspricht und sie bzw. er für die eigene individuelle Entspannung benötigt.

Leider stellt dieses Buch nicht *die* Lösung für alle belastenden Pflegesituationen dar, das liegt in der Natur der Sache. Denn ein:e um drei Uhr morgens umherlaufende:r Demenzkranke:r stellt Angehörige sicherlich vor andere Herausforderungen als ein Mensch, der sein Essen verweigert. Die Arten von Pflege richten sich immer nach den Ursachen und Folgen der Pflegebedürftigkeit, das war schon immer so. Trotzdem habe ich versucht, in diesem Buch so viele Entspannungs- und Entlastungsoptionen wie möglich aufzunehmen, unter anderem unterstützt durch hilfreiche Methoden der Biografiearbeit, welche ich während meiner eigenen sozialpädagogischen Arbeit kennen- (und schätzen) gelernt habe. Was genau hinter diesem Begriff steckt, erkläre ich Ihnen in der Einleitung zu vorliegendem Buch, womit wir schon bei den eigentlichen Inhalten sind. Im Folgenden sei ein Überblick darüber gegeben, was Sie sich von diesem Ratgeber erwarten dürfen.

Zunächst betrachte ich die Pflegesituation in Deutschland und erkläre, mit welchen speziellen Herausforderungen gerade häuslich Pflegende oftmals konfrontiert (und nicht selten alleingelassen) sind. Dabei sind körperliche und vor allem psychische Erkrankungen nicht zu unterschätzende Risikofaktoren, denn eine Vielzahl der Angehörigen kennt die eigenen Grenzen nicht oder ignoriert sie aus Unkenntnis über die Alternativen. Im schlimmsten Fall führt das dazu, dass die Pflegeperson irgendwann zusammenbricht – womit natürlich weder der:dem Angehörigen noch dem alten Menschen gedient ist. Otto Beier, langjähriger Betreiber der Beratungsplattform „Pflege-durch-Angehoerige.de“, teilt diese Meinung und führt das in einem persönlichen Interview aus. In der Einleitung stelle ich zudem die Methode der Biografiearbeit vor, welche in der Alten- und Pflegearbeit bzw. Krisenintervention gerne angewandt wird. Dort, wo es passt, sind später im Buch immer wieder Informationen aus der biografischen Arbeit aufgeführt. Sie durchlaufen es wie ein roter Faden und sind mit einem symbolischen Auge gekennzeichnet. Dieses Auge wirft eine Art „biografischen Blick“ auf die jeweilige Situation und erklärt Ihnen Hintergründe genauer. Fakt ist, dass lebensgeschichtliche Methoden und Erfahrungen für Pflegende und Gepflegte eine wertvolle Ressource darstellen können. Nicht selten schaffen sie es sogar, den gemeinsamen Alltag zu bereichern und die Pflege zu erleichtern.

Kapitel 1 bis 3 widmen sich anschließend der aktiven Stärkung von Körper, Geist und Seele häuslich pflegender Angehöriger. Ich zeige auf, wie Stress sich bei einer Pflege bemerkbar machen kann und kläre die Frage, warum das Achten auf sich selbst sowie regelmäßige Entspannung von Anfang an so wichtig sind. Um diesen Wunschzustand zu erreichen, werden unterschiedlichste Vorschläge gemacht, die auf eine Verbesserung der persönlichen Stressbelastung abzielen. Dort, wo es sich angeboten hat, habe ich Berichte aus meiner eigenen sozialpädagogischen Praxis mit aufgenommen, genauso wie Aussagen von ehemaligen Klient:innen, welche sie mir freundlicherweise zur Verfügung gestellt haben. Alle Zitate sind anonymisiert.

Kapitel 4 und 5 gehen sodann der Frage nach, welche Unterstützungsleistungen es für pflegende Angehörige in Deutschland gibt und mit welchen Mitteln eine gute Pflege im Alltag geleistet werden kann. Nach meiner Erfahrung ermöglichen dies drei Komponenten: das Wissen der Pflegenden um die eigenen Möglichkeiten und Grenzen, die Fähigkeit, Alltagsprobleme zu lösen, sowie die Stärkung der Beziehung zur pflegebedürftigen Person. Das alles kann mithilfe konkreter biografischer Übungen erreicht werden, welche am Ende des Buches erklärt sind. Darüber hinaus finden Sie noch „Wichtige Hilfen für pflegende Angehörige auf einen Blick“ – sodass Sie die wesentlichsten Unterstützungsleistungen für Ihre spezielle Situation schnell parat haben.

Liebe:r Leser:in, ich hoffe wirklich, mit diesem Buch viele häuslich Pflegende ansprechen zu können und vor allem Ihnen ganz persönlich mit dem Geschriebenen in so manch dunkler Stunde ein Hoffnungsschimmer zu sein. Über Tipps und Rückmeldungen freue ich mich natürlich sehr, bitte richten Sie diese einfach an meine E-Mail-Adresse: sd-regensburg@gmx.de. Uns allen häuslich Pflegenden wünsche ich noch lange den Mut und die Kraft für die ehrenvolle Aufgabe, den Menschen, den wir lieben, noch lange zu Hause zu pflegen und ihm (genauso wie uns selbst!) noch viele unbeschwerte Stunden zu bescheren.

Einleitung: Die Fakten – und was Biografiearbeit leisten kann

„Manchmal nervt es mich, wenn Oma fragt, ob ich sie besuche. Aber wenn wir dann zusammensitzen und uns über das Leben und ihre Kindheit unterhalten, fühle ich mich mit ihr verbunden."

– Eine Enkelin –

Liebe:r Leser:in, vielleicht kennen Sie das ja auch: Lange Zeit ist alles gut, Ihre betagten Eltern kommen alleine zurecht und brauchen nur von Zeit zu Zeit Unterstützung im eigenen Heim. Als liebendes Kind machen Sie sich anfangs vielleicht nur geringfügig Sorgen. Sie leben schließlich Ihr eigenes Leben, fahren öfters in den Urlaub, haben womöglich einen herausfordernden Job und Kinder bzw. Enkel, um die Sie sich ebenfalls kümmern. Doch irgendwann häufen sich die telefonischen Nachfragen der älteren Generation, die Probleme werden vielschichtiger und die geistige und/oder körperliche Leistungsfähigkeit der Senior:innen nimmt spürbar ab. Das alles kostet Sie Kraft, denn plötzlich wiederholen sich nicht enden wollende Gespräche, Diskussionen entflammen und manchmal ist schon eine ausgebrannte Glühbirne ein nicht zu überwindendes Hindernis, das keinen Aufschub mehr duldet. In solchen Momenten nehmen sich viele besorgte Kinder noch intensiver ihrer Eltern an und stellen irgendwann fest, dass der Aufwand mit den Jahren zunimmt. Genauso wie die psychische Belastung sowie der (oftmals unrealistisch vertretene) Anspruch, stets allem gerecht werden zu wollen. Das kann dazu führen, dass das eigene Leben komplett in den Hintergrund rückt und die Betroffenen vergessen, sich gut um ihre eigenen Bedürfnisse zu kümmern. Mögliche Folgen sind dabei so tragisch wie vielfältig: Krankheiten entstehen, Partnerschaften gehen in die Brüche, Freundschaften verlieren sich und Zeit für Hobbys ist nicht mehr vorhanden. Kurzum: Das eigene Leben leidet.

„*Was ist da passiert?*", fragen sich viele Angehörige, die vor den Trümmern ihrer vorher scheinbar so gefestigten Existenz stehen und feststellen, dass sie mit den Jahren aufopferungsvoller Pflege müde geworden sind. Eine Antwort auf diese Frage liegt nahe: Die ursprünglich so gut gemeinte Unterstützung ist schleichend einer Art Aufopferung gewichen, in der das eigene Leben nicht mehr viel Raum einnimmt. Stattdessen ist die zu betreuende Person der Mittelpunkt, wird geliebt und mit allen Kräften unterstützt. Ein regelmäßiges Abschalten oder das Nehmen einer Auszeit erscheint den pflegenden Angehörigen oftmals unmöglich. Viele plagt das schlechte Gewissen und der Gedanke: *Aber wer soll es denn sonst machen, wenn nicht ich?* Doch gerade diese Einstellung ist gefährlich, denn schädigt sie doch auf Dauer nur diejenige Person, die für Ihren hilfsbedürftigen Angehörigen am allerwichtigsten ist: Sie selbst. Daneben ist es kein Geheimnis, dass wir alle älter werden und der Anteil der versorgungsbedürftigen Älteren stetig wächst. Was Altern bedeutet, wird in einem Zitat aus Sandor Marais Roman „Die Glut" (Marai, 2001, zitiert nach Klingenberger, 2003) deutlich.

> „Man altert langsam: Zuerst altert die Lust am Leben und an den Menschen, weißt du, allmählich wird alles so wirklich, du verstehst die Bedeutung von allem, alles wiederholt sich auf beängstigend langweilige Art. … Dann altert der Körper; nicht auf einmal, nein, zuerst altern die Augen oder die Beine oder das Herz. Man altert in Raten. Und mit einem Mal beginnt die Seele zu altern: denn der Körper mag alt geworden sein, die Seele aber hat noch ihre Sehnsüchte, ihre Erinnerungen, noch sucht sie, noch freut sie sich, noch sehnt sie sich nach Freude. Und wenn die Sehnsucht nach Freude vergeht, verbleiben nur noch die Erinnerungen oder die Eitelkeit; und dann ist man wirklich alt, endgültig."

Glaubt man aktuellen Zahlen des Statistischen Bundesamtes (2021), ist das gar nicht so weit hergeholt, denn die Anzahl deutscher Rentner:innen wird in Zukunft wachsen. Konkret steigt die Zahl der über 67-Jährigen bis 2035 um 3,6 Millionen an, genauso erhöht sich deren Anteil an der Gesamtbevölkerung von 20 % (im Jahr 2020) auf 24 % (im Jahr 2035). Das führt vor Augen, dass der sogenannte *demografische Wandel* längst auch unser Land erreicht hat, wohlgemerkt bei zeitgleich sinkender Geburtenrate und immer weniger Pflegepersonal. Wer nun eins und eins zusammenzählt, kann sich vorstellen, wie die Pflegesituation im Jahr 2035 aussehen wird: gelinde gesagt angespannt. Menschen, die in der Lage sind, ohne größere gesundheitliche Probleme altern zu können, dürfen sich glücklich schätzen. Alle anderen sind auf die Unterstützung von Familie, Staat oder diverser Pflegeorganisationen angewiesen. Doch wer denkt neben der versorgungsbedürftigen älteren Generation an diejenigen, welche diese pflegt? *Schließlich sind unterstützungsleistende Angehörige ein wichtiger (und oftmals stark belasteter!) Pfeiler im deutschen Gesundheitswesen.*

Im Dezember 2021 verzeichnete das Statistische Bundesamt (Statistisches Bundesamt, 2022) etwa fünf Millionen Pflegebedürftige, von denen die meisten zu Hause versorgt werden – Tendenz steigend, denn der Anteil der versorgungsbedürftigen Älteren wird immer größer. Genaue Zahlen der häuslich Pflegenden gibt es dabei nicht, denn noch immer ist nicht abschließend geklärt, wer als pflegende:r Angehörige:r gilt (Bohnet-Joschko & Bidenko, 2019). In vielen Fällen werden es aber Familienangehörige wie Sie und ich sein oder Freundinnen und Freunde bzw. Nachbar:innen, welche die Hilfe für Pflegebedürftige leisten. Uns alle vereint eines: Wir kümmern uns engagiert und aufopferungsvoll um eine gesundheitlich eingeschränkte Person, die Unterstützung braucht, weil sie sonst alleine nicht mehr zurechtkäme. Unbestritten ist das ein wertvoller Dienst und verdient Anerkennung, doch die Gefahr dabei ist immer die eigene Überforderung. Viele der informell, also nicht berufsmäßig Pflegenden haben mit gesundheitlichen und sozialen Belastungen zu kämpfen und wissen zugleich nur wenig über das in Deutschland existierende Informations-, Beratungs- und Entlastungsangebot. Dies fällt sogar Fachleuten wie Otto Beier auf – er ist selbst ehemaliger pflegender Angehöriger und betreibt seit einigen Jahren die Beratungsplattform „Pflege-durch-Angehoerige.

de". Im nachfolgenden Interview schildert er die Situation von pflegenden Angehörigen.

Sehr geehrter Herr Beier, Sie führen sehr erfolgreich das Informationsportal „Pflege-durch-Angehörige.de". Möchten Sie sich und Ihr Portal kurz vorstellen?

Ja, sehr gerne. Wie die meisten pflegenden Angehörigen sind auch wir (meine Frau und ich) sukzessive immer mehr in die Pflege unserer Eltern involviert worden. Meist ist es ein schleichender Prozess. Hier und da mal brauchen die Eltern Hilfe, bis dann irgendwann sehr viel Unterstützung im täglichen Leben notwendig wird. So wie die meisten Pflegenden waren auch wir nicht auf diese Aufgabe vorbereitet und machten deshalb vieles falsch in Bezug auf Pflegegrade, Pflegeleistungen oder Hilfsmittel beantragen. Wir kannten uns einfach im Pflegegesetz nicht aus. Das war der Grund, warum wir viele Pflegeleistungen nicht kannten und beantragten. Das geht den meisten Pflegenden so und es geht viel Geld verloren. Letztendlich hatten wir vier Pflegefälle in zwei verschiedenen Bundesländern und wir bekamen Routine. Wir wollten nicht, dass es anderen Pflegenden genauso geht wie uns, und haben die Internetseite www.Pflege-durch-Angehoerige.de ins Netz gestellt, wo wir unsere Erfahrungen teilen, aber vor allem auch in gut verständlicher Sprache darüber informieren, auf welche Pflegeleistungen die pflegebedürftigen Personen, aber auch wir Pflegenden (!) Anrecht haben. Die Erfahrung und der Austausch mit anderen Pflegenden hat uns gezeigt, dass selbst alte „Pflegefüchse", die schon zehn Jahre und länger einen Angehörigen pflegen, noch immer nicht alle Leistungen in Anspruch genommen haben, die ihnen zustehen würden.

Sie waren selbst bis vor einigen Jahren pflegender Angehöriger. Welche Erfahrungen haben Sie während der Pflegezeit gemacht?

Wir Pflegenden sehen es als selbstverständlich an, sich um unsere Angehörigen zu kümmern. Das ist auch gut so. Allerdings ist nicht jeder Mensch aus zeitlichen, physischen oder psychischen Gründen in der

Lage, die Pflege zu übernehmen. Dann sollte man sich das aber auch eingestehen und nach Alternativen suchen. Aber gerade die Pflege unserer Eltern hat noch einen Aspekt, den wir oft unterschätzen. Und zwar den Rollentausch. Wir sind nicht mehr das Kind unserer Eltern, sondern die Verantwortlichen für unsere Eltern. Wir müssen plötzlich für Menschen Entscheidungen treffen, von denen wir es gewohnt sind, dass sie ein Leben lang für sich selbst entschieden haben. Als pflegende:r Angehörige:r muss man lernen, die Hemmungen zu überwinden. Auch das ist ein längerer Prozess, der nicht von heute auf morgen eintritt. Mein Leitsatz bei der Pflege unserer Eltern wurde irgendwann: „So viel wie nötig – so wenig wie möglich!" Das ist nicht böse gemeint – im Gegenteil. Für meine Frau und mich war es wichtig, dass unsere Eltern in jeder Lebens- und Pflegephase immer noch das erledigen sollten, was sie noch konnten. Wir wollten ihnen nicht die Selbstständigkeit nehmen. Verhätscheln und alles Abnehmen demobilisiert die Pflegebedürftigen sowohl körperlich als auch geistig.

Welchen Eindruck haben Sie von der Situation vieler häuslich Pflegender in Deutschland?

Da gibt es sehr viele Aspekte. Nehmen wir mal die Doppel- und Dreifachbelastung. Die Generation 50+ muss Job, Familie, Kinder, Enkel:innen und die Pflege unter einen Hut bringen. Oftmals bleibt für Hobbys keine Zeit mehr. Einerseits ist da das schlechte Gewissen, nicht genug Zeit für die pflegebedürftige Person zu haben, andererseits hat man für sich selbst und seine eigenen Bedürfnisse auch keine Zeit mehr. Auf Dauer kann das schnell zu einer Überlastung, im schlimmsten Fall zu einem Burn-out[1] führen. Ein weiterer Aspekt sind die Kosten: Pflege kann sehr teuer werden. Wer einen Pflegedienst in Anspruch nimmt, bekommt kein – oder nur noch ein anteilmäßiges – Pflegegeld. Um die Kosten zu deckeln, wird dann kein Pflegedienst in Anspruch genom-

1 Unter „Burn-out" versteht man gemeinhin einen Zustand totaler körperlicher, geistiger und emotionaler Erschöpfung. Er gilt jedoch nicht als eigenständiges Krankheitsbild.

men, der zum Beispiel bei der Körperhygiene die Pflegenden entlasten könnte. Verbesserungswürdig sind auch die Entlastungsleistungen, die jedem Pflegebedürftigen zustehen. Leider gibt es hier noch zu wenig Anbieter:innen, die diese Entlastungsleistungen zu einem guten Preis-Leistungs-Verhältnis anbieten und abrechnen können.

Mit welchen Ängsten sind pflegende Angehörige häufig konfrontiert?
Oftmals geben Pflegende den Job ganz auf oder reduzieren ihre Arbeitszeiten. Leider rutschen immer noch einige finanziell sehr ab. Es kommt also zur physischen/psychischen Belastung auch noch die finanzielle Sorge hinzu. Auch die Angst, dass man selbst krank wird und die Pflege nicht erbringen kann, ist eine ständige Begleiterin. Wer pflegt dann meine:n Angehörige:n? Altenpfleger:in ist ein Lehrberuf mit mehrjähriger Ausbildung. Wir pflegenden Angehörigen leisten die Pflege ohne Ausbildung oder Grundkenntnisse. Die Frage, ob man alles richtig macht, ist ständig präsent.

Inwiefern ist Burn-out ein Thema?
Burn-out ist ein allgegenwärtiges Thema in der Pflege. Die Betreuung eines pflegebedürftigen Elternteils umfasst ja sehr viel. Neben der reinen Pflegearbeit, die schon sehr arbeitsaufwendig sein kann, kommt noch viel mehr dazu: Alle schriftlichen Angelegenheiten müssen übernommen, Bank- und Behördengänge erledigt, oftmals noch Haus und Garten versorgt werden. Anträge, Hilfsmittel und Pflegeleistungen müssen beantragt, Widersprüche eingelegt werden, Kurzzeitpflegestätten gefunden werden usw. Es ist nicht nur so, dass diese Arbeiten erledigt werden müssen, nein, sie sind uns auch nicht geläufig. Deshalb müssen wir uns erst informieren und durchfragen. Bei der reinen Pflegetätigkeit kommt hinzu, dass uns schlicht das Wissen fehlt, wie wir kräfteschonend arbeiten können. Ein Burn-out kündigt sich an. Es ist wichtig, diesen zu erkennen und gegenzusteuern.

Wie stehen Sie zum Thema Selbstfürsorge im Hinblick auf Menschen, die andere pflegen?

Selbstfürsorge ist ganz wichtig, um einem Burn-out vorzubeugen. Denn nur wer selbst gesund ist, kann auch pflegen. Häufig wird jedoch im Trubel die Selbstvorsorge hinten angestellt. Man hat keine Zeit für sich. Hier hilft es, wenn uns Menschen aus unserem Umfeld einfach mal „zwangspausieren" und uns dem Pflegealltag entreißen.

Was kann ein:e häuslich Pflegende:r tun, um Entlastung zu finden, und warum ist das wichtig?

Ein paar allgemeine Tipps:

- Die Pflege und Betreuung sollte eigentlich auf mehrere Schultern verteilt werden. Jede:r kann ihren:seinen Teil dazu beitragen und die Tätigkeiten übernehmen, die ihr:ihm liegen.
- Hilfe in Anspruch nehmen in Form von Pflegedienst, Tagespflege, Nachbarschaftshilfe usw.
- Den Mut haben, die pflegebedürftige Person auch mal in eine Kurzzeitpflege zu geben, um selbst in Urlaub fahren zu können.
- Was ich auch als sehr hilfreich empfinde, sind Pflegekurse für pflegende Angehörige. Diese können sogar zu Hause durchgeführt werden, sodass die Unterweisung auf die persönliche Pflegesituation abgestimmt ist. In solchen Kursen werden zum Beispiel auch körperschonende Pflegetechniken vermittelt.

Welche Empfehlungen haben Sie für pflegende Angehörige, um mit der Pflege besser zurechtzukommen?

Ganz wichtig: Unbedingt regelmäßig eine Auszeit nehmen. Dazu gehören mal ein Besuch eines Konzerts, ein Tagesausflug oder auch ein Urlaub. Es sollte im Vorfeld dafür gesorgt werden, dass die pflegebedürftige Person so gut versorgt ist, dass die Pflegeperson mit ruhigem Gewissen außer Haus gehen kann. Um nicht immer nur im Thema „Pflege" festzuhängen, sollten auch die sozialen Kontakte weiterhin gepflegt und die eigenen Freundinnen und Freunde besucht werden. Es tut gut, mal wieder was ganz anderes zu hören oder zu sehen, und gibt wieder Kraft. Genauso können pflegende Angehörige Selbsthilfegruppen besuchen. Gerade bei der Betreuung von Menschen mit Demenz kann das sehr hilfreich sein. Die Gruppen können Tipps zum Umgang mit den demenziell veränderten Menschen geben.

Vielen Dank für das Interview und alles Gute für Sie und Pflege-durch-Angehoerige.de!

Finden Sie sich in den Aussagen von Herrn Beier wieder oder haben bereits ähnliche Erfahrungen gemacht? Unabhängig davon wird in diesem Interview wahrscheinlich deutlich, dass die Versorgung einer pflegebedürftigen Person meist umfangreiches Wissen, emotionale Stärke sowie die Fähigkeit, empathisch auf einen hilfsbedürftigen Menschen eingehen zu können, voraussetzt. Trotzdem dürfen die eigene Person wie auch ihre Belange nicht vergessen werden, und der eigene Alltag noch weniger – was eine höchst anspruchsvolle Aufgabe ist, die es immer wieder aufs Neue auszubalancieren gilt. *„Aber wie kann das auf Dauer gelingen?“*, werden Sie sich als pflegende:r Angehörige:r an dieser Stelle womöglich fragen. Eine Antwort auf diese Frage möchte ich Ihnen geben, und zwar in Form einer Methode, die sich schon in verschiedensten Disziplinen und Lebensbereichen bewährt hat: die der *lebensgeschichtlichen Arbeit, kurz: Biografiearbeit.* Biografiearbeit kann durch das methodische Einbeziehen lebensgeschichtlicher Erlebnisse eine Pflegesituation für alle Parteien erleichtern, und dies auf unterschiedlichste Arten, die Sie in diesem Buch noch genauer kennenlernen werden. Das führt besonders bei der Pflege dazu, dass Konfliktsituationen entschärft, belastende Lebensereignisse bewältigt sowie eigene (und fremde) negative Muster im Bedarfsfall verändert werden können. Doch was verbirgt sich hinter diesem eher unscharfen Begriff der Biografiearbeit? Gehen wir auf Spurensuche.

Biografiearbeit hat ihre Ursprünge in der Antike und wird bereits seit langer Zeit erfolgreich in unterschiedlichsten Disziplinen (z. B.

Medizin, Psychologie, Pädagogik) eingesetzt (Specht-Tomann, 2012). Vor allem Hippokrates, ein griechischer Arzt und Lehrer (um 460–377 v. Chr.), prägte die Entwicklungsgeschichte entscheidend mit. Der einfühlsame Mann interessierte sich für die Lebensumstände bzw. Geschichten seiner Patient:innen und band diese erfolgreich bei der Behandlung von Krankheiten mit ein.

Bis heute hat sich der Einsatz biografischer Elemente in der Begleitung von Menschen bewährt, weswegen viele Fachleute mit ihnen arbeiten. Dabei sind die Ziele biografischen Handelns nicht immer gleich. So wird ein Mensch, der sich beruflich neu orientieren und seine Stärken herausfinden möchte, wahrscheinlich andere Interessen haben als einer, der biografische Erinnerungen für seine Enkelkinder verfasst. Trotzdem vereint alle angewandten Methoden stets eines: die aktive Beschäftigung mit der eigenen Lebensgeschichte in unterschiedlicher Form.

Biografischer Blick

„Biografiearbeit ist die Beschäftigung mit den individuellen, gesellschaftlichen und kulturell geprägten Erfahrungen, Erlebnissen und Sichtweisen eines Menschen. Sie bezieht sich auf ‚alles', was mit der Lebensgeschichte eines Menschen zusammenhängt und systematisch erfasst oder eingesetzt wird" (Specht-Tomann, 2012, S. 7).

Sicherlich haben auch Sie schon einmal die Biografie eines Stars bzw. einer berühmten Persönlichkeit gelesen oder alte Fotos durchstöbert, die Ihnen ein Lächeln auf das Gesicht zauberten. Damit sind Sie nicht alleine. Nicht wenige Menschen möchten das Leben rückschauend noch einmal betrachten und beschäftigen sich mit den wichtigsten Stationen desselben. Oft genug entsteht aus dieser intensiven Betrachtung die Chance, bislang Erlebtes anders zu bewerten und die Gegenwart bzw. Zukunft handhabbarer zu machen. Dabei kann es zu einem tieferen Verständnis für die eigene Person kommen und auch eine intensivere Bindung zu anderen wird häufig möglich. Für diese Beschäftigung mit der Lebensgeschichte braucht es Offenheit, Mut, Raum, Zeit und vor allem den Willen, sich mit Leib und Seele auf sich selbst (oder eine andere Person) einzulassen. Manchmal treten daraus überraschende Ergebnisse hervor, aber gerade das ist ja das Spannende an dieser so kreativen Methode.

In der Seniorenarbeit hat die Beschäftigung mit der Lebensgeschichte schon seit Langem eine elementare Bedeutung. Durch sie wird erreicht, dass ältere Menschen gelassener mit angstmachenden Situationen (z. B. Krankheit, Verluste, Einsamkeit, Sterben) umgehen können. Gleichzeitig fördert Biografiearbeit die Lebenszufriedenheit, indem sie den Senior:innen verbliebene Fähigkeiten und Stärken bewusst macht sowie einen lebhaften Austausch mit anderen (z. B. durch gemeinsames Erzählen, Hören und Erinnern) ermöglicht. Gerade für Pflegende von Demenzkranken ist das Wissen um deren Lebensgeschichte besonders elementar. Wenn ich weiß, dass meine demenzkranke Mutter Angst vor Hunden hat, werde ich im Alltag wahrscheinlich eher versuchen, die Konfrontation mit den Tieren zu vermeiden, als wenn ich nicht darüber Bescheid wüsste – wenngleich das natürlich nicht immer machbar ist. Trotzdem ermöglicht das Einbeziehen biografischer Hintergründe sowie der entsprechende Umgang mit meiner Mutter dieser ein Gefühl des Verstehens und Angenommenseins, ein „Sicher-Sein“, was eventuelle Schwierigkeiten bereits im Vorfeld entschärfen kann.

Doch nicht nur für meine Mutter. Auch für mich als pflegende Angehörige kann die Beschäftigung mit der Lebensgeschichte Sinn machen. Indem ich meine eigene Vergangenheit anschaue, sie bewusst reflektiere bzw. verarbeite, mir Erlebtes (Schönes wie Belastendes) vor Augen führe und vielleicht sogar Erkenntnisse daraus gewinne, kann ich besser mit gegenwärtigen Alltagsproblemen umgehen. Im besten Falle söhne ich mich mit den Gegebenheiten (bzw. mir als Person) aus und erlange dadurch Kraft für mein Leben. Wie ich das mache, also mit welchen biografischen Methoden, bleibt dabei mir überlassen.

In der Seniorenarbeit sind Gespräche über die Vergangenheit sehr beliebt, das heißt, die alten Menschen tauschen sich in gemeinsamer

Runde über das Erlebte (z. B. erster Schultag, Feste, Familienleben) aus. Auch das Verfassen der eigenen Biografie (durch Erinnerungsbücher, selbst erstellte Chroniken, Stammbäume usw.) gewinnt immer mehr an Bedeutung. Dabei werden bei der Erinnerungsarbeit oftmals spezielle Spiele, Bildkarten oder Gegenstände (z. B. Kochlöffel, Röhrenradios, Kleidungsstücke) eingesetzt. Gerade solch persönliche Gegenstände aus der Vergangenheit sind mitunter Gold wert, da sie meist mit angenehmen Erlebnissen verknüpft sind (Leptihn, 2007). Wie oft erlebe ich es, dass ein alter Mensch ein Bild zur Hand nimmt und mir eine damit verbundene Geschichte erzählt oder über eine alte Kommode streichelt und mir anvertraut, dass diese das Hochzeitsgeschenk der Eltern bei der Vermählung war. Alleine dieser liebevolle Blick auf alte Gegenstände und die regelmäßige Beschäftigung damit verbessert das Wohlbefinden eines alten Menschen und ist Grundlage für ein gemeinsames Gespräch.

Im Bereich Persönlichkeitsentwicklung bedient sich die Biografiearbeit ebenfalls interessanter Methoden (Specht-Tomann, 2012). Viele Menschen verschaffen sich zum Beispiel mithilfe von Zeitleisten, Lebenskurven oder Kalendern einen Überblick über das eigene Leben. Dies dient dazu, die Vergangenheit bewusst zu reflektieren und sich Gedanken darüber zu machen, was prägend bzw. einschneidend wirkte. Oft genug kommt dabei lange Verschüttetes zum Vorschein. Und das beeinflusst das Leben manchmal noch bis in die Gegenwart. Wer mag, drückt sich kreativ aus, zum Beispiel, indem er malt, modelliert, schreibt oder mit Holz arbeitet. Genauso gibt es mittlerweile immer mehr Menschen, die ihre Krankheitserfahrungen notieren und damit verarbeiten.

Aus eigener Erfahrung kann ich bestätigen, dass dieser emotional fordernde Aufwand durchaus Sinn macht. Denn alleine schon der Prozess, sich aktiv mit der Vergangenheit (und darin bereits erfolgreich Bewältigtem) auseinanderzusetzen, stellt häufig eine Entlastung dar und ermöglicht einen besseren Umgang mit Krisensituationen.

Nach diesen Ausführungen dürfte deutlich geworden sein: Wer Biografiearbeit anwendet, wer also schreibt, hört oder erzählt (entweder für sich alleine oder im Austausch mit anderen), erfährt Freude, Glück und Verbundenheit, im besten Fall sogar eine Art Sinnfindung für das eigene Leben. Dies kann ein äußerst beruhigender Anker in einer Zeit sein, die nicht nur von persönlichen Krisen, sondern genauso von umfassenden gesellschaftlichen Umbrüchen geprägt ist. Nun aber kümmern wir uns um Sie, liebe:r Leser:in, um Sie als Pflegeperson, und finden heraus, welcher Anker Ihnen in Ihrer Situation helfen könnte. Ein sehr guter Weg ist die *Stärkung der eigenen geistigen Haltung*. Schauen wir uns in Kapitel 1 an, was ich damit meine.

1 Die geistige Haltung stärken

Wissen verschafft Sicherheit

„Als ich meinen Mann am Boden liegend fand, schaltete mein Verstand sofort ab und ich weinte los. Ich konnte mich gar nicht mehr beruhigen! So sehr ich es wollte, es ging nicht. Mit zitternden Fingern wählte ich den Notruf und hatte Mühe, Luft zu bekommen. Erst nachdem der Rettungsdienst endlich da war und er versorgt wurde, wurde es besser. Mit Blaulicht jagten wir ins Krankenhaus. Ab diesem Zeitpunkt änderte sich alles.“

– Eine pflegende Angehörige –

Ich weiß nicht, an welchem Punkt Sie gerade stehen. Vielleicht versorgen Sie schon länger eine:n hilfsbedürftige:n Angehörige:n und merken, dass sich ihr:sein Gesundheitszustand immer mehr verschlechtert, oder Sie wurden erst vor Kurzem mit einem Pflegefall konfrontiert. Ein unerwarteter Sturz, womöglich ein Herzinfarkt oder ein Oberschenkelhalsbruch, ein längerer Krankenhaus- und Rehaaufenthalt kann die zunächst noch unabhängige Situation eines alten Menschen gehörig durcheinanderwirbeln – und Ihre eigene gleich mit. Dabei ist es ganz natürlich, dass sich während dieser Zeit die vorher meist ausgeglichenen Rollen zwischen Geben und Nehmen immer mehr zu Ihren Ungunsten verschieben werden, das heißt, Sie rutschen, womöglich ohne es zu wollen, immer mehr in die Rolle einer kümmernden oder versorgenden Person (Teusen, 2020).

Wahrscheinlich haben Sie diese herausfordernde Erfahrung schon gemacht oder stecken gerade mittendrin, sonst würden Sie dieses

Buch nicht in den Händen halten. Sicherlich können Sie dann den lähmenden Abgrund des Schocks nachempfinden, vor dem Angehörige stehen, welche von heute auf morgen mit einer einschneidenden Diagnose (z. B. Schlaganfall, Krebs, Demenz) ihres Familienmitglieds konfrontiert sind. Nicht einfach, trotz dieser Extremsituation Ruhe zu bewahren, denn gerade im Hinblick auf eine akute und/oder chronische Erkrankung wird sich in den ersten Tagen wahrscheinlich eine große Angst und Unsicherheit innerhalb der Familie verbreiten. Die Bestsellerautorin Gertrud Teusen (2020, S. 12–13) beschreibt das so:

> „Eine schwere Erkrankung, eine fatale Diagnose oder ein Unfall belastet oft nicht nur das Leben der direkt betroffenen Menschen – sie ist auch eine Belastung für die ganze Familie und das nahe Umfeld. Wenn Ihr Partner/Ihre Partnerin oder Ihre Mutter/Ihr Vater erkrankt, hat das enorme Auswirkungen auf Sie und Ihre psychische (und physische) Gesundheit. […] Denn: So wie sich das Leben eines chronisch (oder akut) Erkrankten verändert, so verändert sich auch das Leben der Menschen, die ihm am nächsten stehen. Es geht nicht um pflegerische Leistungen und medizinische Hilfestellung, sondern um den ganz alltäglichen Umgang mit einem geliebten Menschen, der nicht mehr so ist, wie er einmal war."

Dieser mitunter anstrengende Prozess ist gepaart mit der Sorge um die kranke Person, deren Schicksal man ihr nicht abnehmen kann, so sehr man dies wahrscheinlich möchte. Nicht selten verfallen die Betroffenen in eine Art Schockstarre und wissen nicht, wie sie mit der lebensverändernden Botschaft umgehen sollen. Kein Wunder, denn hier passiert wirklich Dramatisches: Träume platzen wie Seifenblasen, individuelle Vorstellungen von einem geruhsamen Ruhestand, ja womöglich Pläne, die man bis vor Kurzem noch geschmiedet hatte, lösen sich in Luft auf. Womöglich sind die Erkrankten mit einer körperlichen, seelischen oder geistigen Behinderung konfrontiert, die es (irgendwann, aber bestimmt nicht sofort!) anzunehmen gilt.

Dabei ist es natürlich keinesfalls so, dass der alte Mensch sich für sein Leben gewünscht hätte, krank und auf andere angewiesen zu sein. Jede:r hofft auf einen sorglosen Ruhestand in Abwesenheit von Krankheit und möchte so lange es geht die eigene Unabhängigkeit bewahren. Ein Kollateralschaden für die ganze Familie? Zunächst sicherlich ja. Aber für immer alles verloren und aus und vorbei? Definitiv nicht. Aus meiner Sicht ist das Vorgefallene eine für alle Beteiligten schwierige Situation, mit der es sich Stück für Stück zu arrangieren gilt. Es ist ein Hineinwachsen in etwas Neues, etwas Unbekanntes, ein sich darin Ein- und Zurechtfinden. Dies erfordert ein hohes Maß an Geduld, Zeit und vor allem Verständnis für alle von der Krankheit betroffenen Parteien. Denn nicht jede:r Kranke reagiert auf eine einschneidende Diagnose in der derselben Weise. Vielleicht reagiert ihr:e Angehörige:r ganz anders, als von Ihnen vermutet. Aber das ist okay so.

Womöglich sind Sie selbst mit Wut, Kampfeslust, Ablehnung, Ohnmacht oder schierer Verzweiflung konfrontiert, alles in wechselnder Reihenfolge und immer wieder aufs Neue. Möglicherweise weinen Sie in einem Moment und im nächsten machen Sie sich mit Sarkasmus darüber lustig. Alles kann und darf passieren in solch einer gravierenden Ausnahmesituation, die uns unsere Gefühle nur so um die Ohren schlägt. Doch so anstrengend all diese emotionalen Schwankungen aktuell auch sein mögen: Ich möchte Ihnen gerne ein Stück Hoffnung vermitteln. Denn ich kann Ihnen versichern, dass diese Zeiten vorüber gehen. Sie werden diesen belastenden Empfindungen nicht dauerhaft ausgeliefert sein. Irgendwann wird sich wieder so etwas wie ein Alltag einstellen, nur wird er wahrscheinlich anders aussehen, als er es bislang getan hat. Sie werden wieder lachen, sie werden wieder schöne Momente haben, trotz und sogar mit diesem Schicksalsschlag, den Sie jetzt zu verkraften haben.

Um zu diesem wünschenswerten Zustand zu gelangen, können Sie heute schon etwas unternehmen: ein paar kleine Schritte, die Sie aus Ihrer Verzweiflung holen und durch die Sie sich vermutlich gleich etwas sicherer fühlen. Das „Geheimnis“, von dem ich spreche, liegt im Wissen, und zwar im Hinblick auf zwei sich (mehr oder weniger auf-)

drängende Fragen, die sich Ihnen im Moment wahrscheinlich stellen werden. Sie lauten:

1. **Was soll ich jetzt tun?**
2. **Wie gehe ich mit der erkrankten Person um?**

Beginnen wir mit der ersten Frage, dem ganz konkreten „Was soll ich jetzt tun?". Zunächst ist es ungemein wichtig, *Ruhe zu bewahren und zu erkennen, ob die Diagnose Ihrer:Ihres Angehörigen Sie selbst emotional stark mitgenommen hat* (Tell Beratung GmbH, o. J.). Sollte dies so sein, suchen Sie sich bitte Menschen, die Ihnen beistehen und Ihnen den Rücken stärken. Das können Freundinnen und Freunde oder andere Familienmitglieder sein, genauso Klinikseelsorger:innen, Sozialarbeiter:innen oder Psycholog:innen. Im Zweifel ist die Telefonseelsorge der katholischen Kirche unter der Nummer 0800–111 0222 und die der evangelischen unter der Nummer 0800–111 0111 Tag und Nacht für alle Ratsuchenden erreichbar. Nehmen Sie sich bitte unbedingt Zeit, durchzuatmen, und nehmen Sie die Hilfe in Anspruch, die Ihnen angeboten wird. Die Sorge hierfür tragen Sie selbst. Haben Sie keine Scheu, eine helfende Hand (und sei es eine fremde) anzunehmen, es wird Balsam für Ihre Seele sein. Behalten Sie bitte im Blick: Es nützt niemandem etwas, wenn Sie jetzt zusammenbrechen und selbst im Krankenhaus landen, am allerwenigsten dem (künftig) zu pflegenden Familienmitglied. Sie als Angehörige:r werden für die von der Krankheit betroffene Person im weiteren Verlauf auf jeden Fall ein:e sehr wertvolle:r Begleiter:in sein und können ihr auf ihrem Weg vieles erleichtern. Das ist aber nur möglich, wenn Sie nicht selbst völlig neben sich stehen und weder ein noch aus wissen.

Nachdem Sie sich im Hinblick auf die Diagnose einigermaßen gefasst haben, könnte der nächste Schritt eine *intensive Informationseinholung* bezüglich der festgestellten Krankheit sein. Kompetente Ansprechpartner:innen hierfür sind die behandelnden Mediziner:innen, der Sozialdienst des Krankenhauses, beratende Fachstellen der jeweiligen Krankheitsbilder, Ratgeber und natürlich die Weiten des

Internets. Recherchieren Sie, fragen Sie nach, stellen Sie Vergleiche an und machen Sie sich unbedingt mit den Kennzeichen und Folgen der Krankheit Ihrer:Ihres Angehörigen vertraut. So können Sie viel besser einschätzen, was auf Sie und die:den Betroffene:n zukommt und sie:ihn von Anfang an unterstützen (Heiland, 2018). Deutlich werden kann das beispielsweise in einem Gespräch mit der Ärzteschaft, welches Sie und die betroffene Person mit dieser führen. Hier birgt es enorme Vorteile, wenn Sie als Gesunde:r Fragen stellen, die der:dem Erkrankten aufgrund der Stresssituation (oder der Diagnoseart) womöglich im ersten Moment gar nicht so präsent sind. Im Anschluss daran können Sie beide das Gespräch (sofern die erkrankte Person dazu fähig und gewillt ist) in Ruhe noch einmal reflektieren. Dabei bietet es sich an, ihr klar und deutlich zu signalisieren: *Keine Angst, ich helfe dir. Du bist in dieser schwierigen Situation nicht alleine und ich gehe da gemeinsam mit dir durch!* Dies leisten zu können ist eine optimale Basis für alles Kommende und kann die erkrankte Person unglaublich beruhigen.

Biografischer Blick

Möchte man eine Person in einer herausfordernden Krankheitssituation mit biografischen Gesprächen begleiten und stärken, ist es zunächst elementar, zu unterscheiden, ob grundsätzlich eine Genesung möglich ist oder nicht (Specht-Tomann, 2012). Im ersten Fall werden sich die Gespräche eher um die Verarbeitung der akuten Situation bzw. die Informationseinholung konkreter Fakten drehen. Die Betroffenen müssen die Möglichkeit bekommen, ihre Gefühle (z. B. Wut, Angst, Trauer) ausdrücken zu können, erst dann kann eine Verarbeitung beginnen. Handelt es sich hingegen um eine chronische Krankheit oder ist der Ausgang ungewiss, geht es neben der Schockbewältigung zusätzlich um die Veränderung des gewohnten Lebens und Alltags. Die betroffene Person steht vor der Herausforderung, die Krankheit mit der Zeit anzunehmen, sich darin neu zu finden und sich mitunter

daran anzupassen. Biografiearbeit kann hier konkrete Hilfe leisten, indem sie auf bereits bewältigte Erlebnisse in der Vergangenheit hinweist und immer wieder einen Bezug zur Gegenwart herstellt. Nützlich in beiden Fällen ist für Angehörige eine zugewandte Grundhaltung, eine wertfreie Begleitung und die Fähigkeit, angemessen und geduldig mit emotionalen Schwankungen umgehen zu können.

Eine große Bitte an Sie: Fürchten Sie sich nicht vor unpassenden Reaktionen Ihrerseits, denn in dieser herausfordernden ersten Zeit geht es zunächst hauptsächlich darum, da sein, der betroffenen Person zur Seite zu stehen, sich über die Krankheit zu informieren und darauf abgestimmt zu reagieren. Dies alles werden Sie Stück für Stück erlernen, um Ihrer:Ihrem Angehörigen hilfreich zur Seite stehen zu können. Haben Sie hier unbedingt Geduld mit sich und erlauben Sie sich hin und wieder Rückschläge, denn gerade am Anfang stürzt sehr viel auf Sie alle ein, das es erst einmal zu verarbeiten gilt. Sie erinnern sich: Rom ist auch nicht an einem Tag erbaut worden. Trotzdem sollten Sie darauf achten, die:den Betroffene:n unabhängig von der ganzen Liebe und Fürsorge, die Sie empfinden, nicht zu bevormunden. Jeder Mensch hat das Recht, auf seine eigene Art und Weise und in seinem Tempo auf das Geschehene zu reagieren und sogar eventuelle Therapiemethoden abzulehnen, selbst wenn man das als Angehörige:r im ersten Moment vielleicht gar nicht nachvollziehen kann.

Sie sind sich unsicher, wie Sie hier konkret vorgehen bzw. was Sie einer betroffenen Person sagen sollen? Ich kann das gut verstehen, doch leider gibt es keine Universalempfehlung dafür, wie man als enge:r Angehörige:r einer kranken Person Trost spenden kann – zumal die Krankheitsbilder ja oft außerordentlich verschieden sind. Beispielsweise bei einem Schlaganfall passiert es nicht selten, dass die Betroffenen Sprachprobleme haben, was aber nicht bedeutet, dass ihr Denken nicht mehr funktioniert (Stiftung Deutsche Schlaganfallhilfe, o. D.). Trotzdem können Sie einiges tun, womit wir bereits bei der Antwort auf die zweite Frage „Wie gehe ich mit der erkrankten Person um?“

sind. Sprechen Sie im Falle eines Schlaganfalles am besten lediglich in kurzen Sätzen und machen Sie der:dem Betroffenen Mut, das Reden zu probieren, selbst wenn es am Anfang wahrscheinlich mühsam ist und länger dauert. Ja- und Nein-Fragen sind ebenfalls eine gute Alternative bei der Kommunikation, genauso wie spezielle Apps und Zeige-Bücher. Empfehlenswert hier (und genauso in allen anderen Krankheitsfällen) ist immer eine *empathische Grundhaltung*, das heißt die Fähigkeit, sich in die:den andere:n einzufühlen, *ohne* ihre:seine Reaktionen zu bewerten. *Leitlinie* dafür ist die *Sichtweise der:des anderen* – so wird vermieden, dass Sie als Angehörige:r womöglich vorschnell Urteile oder Wertungen abgeben, durch die sich die:der Betroffene in die Ecke gedrängt oder nicht verstanden fühlt (Weinberger, 2006).

Ein guter Weg, um dies zu erreichen, ist das *aufmerksame Zuhören*, das heißt, Sie achten im Kontakt mit der betroffenen Person darauf, dass Sie gedanklich bzw. emotional ganz bei ihr sind und sie nicht mit Ratschlägen unterbrechen, wenn sie noch nicht mit dem Gesagten fertig ist. Vielleicht so, wie es Momo im berühmten Roman von Michael Ende tut (Ende, 1973, zitiert nach Weinberger, 2006):

> „[…] Momo konnte so zuhören, dass dummen Leuten plötzlich gescheite Gedanken kamen. Nicht etwa, weil sie etwas sagte oder fragte, was den anderen auf solche Gedanken brachte, nein, sie saß nur da und hörte einfach zu, mit aller Aufmerksamkeit und aller Anteilnahme. Dabei schaute sie den anderen mit ihren großen, dunklen Augen an, und der Betreffende fühlte, wie in ihm auf einmal Gedanken auftauchten, von denen er nie geahnt hatte, dass sie in ihm steckten. Sie konnte so zuhören, dass ratlose oder unentschlossene Leute auf einmal ganz genau wussten, was sie wollten. Und dass Schüchterne sich plötzlich frei und mutig fühlten. Oder dass Unglückliche und Bedrückte zuversichtlich und froh wurden. […]“

Versuchen Sie genauso wie Momo mit allen Sinnen aufzunehmen, wie es Ihrer:Ihrem Angehörigen gerade geht. Was sagt die Person über sich selbst aus? Wie ist (wenn sie sich noch sprachlich äußern kann) das Sprechtempo? Entstehen immer wieder Pausen? Wie verhält es sich mit Mimik und Gestik? Sind die Gesichtszüge Ihres Gegenübers angespannt oder kann es sich nicht ruhig halten? All diese Eindrücke sowie das Gesagte können Ihnen ein gutes Bild über das emotionale Befinden der kranken Person vermitteln.

Eine hilfreiche Gesprächstechnik, damit sich diese noch besser von Ihnen verstanden fühlt, ist das sogenannte *Paraphrasieren*, das heißt die Wiederholung des Gesagten in eigenen Worten, natürlich nur, sofern sich die erkrankte Person problemlos sprachlich äußern kann. Gelingt das gut, können Betroffene ohne Ablenkung die eigenen Gedanken weiterentwickeln und werden sich von Ihnen gehört fühlen. Hierzu lassen Sie die Person einfach in Ruhe erzählen und fragen dann vorsichtig nach, zum Beispiel mit Worten wie: „*Habe ich richtig verstanden, dass …?*", „*Meintest du damit, dass …?*" oder „*Wenn du sagst, dass … bedeutet dies dann, dass …?*". Im weiteren Gesprächsverlauf können folgende Tipps unterstützen (Teusen, 2020):

- Seien Sie zurückhaltend mit allgemeinen Aussagen wie zum Beispiel „*Du schaffst das schon*" oder „*Kopf hoch, das ist doch alles nicht so schlimm*", selbst wenn diese Worte in noch so guter Absicht gesprochen sein mögen. Die Gefahr dabei ist, dass die kranke Person das Gefühl bekommen könnte, bevormundet zu werden, das heißt, ihr wird (natürlich meist unabsichtlich) die Möglichkeit abgesprochen, auf die Diagnose so zu reagieren, wie sie es nun einmal empfindet. Besser wäre es, zu fragen, wie es ihr in diesem Moment geht und ob sie vielleicht etwas über ihre Gefühle erzählen möchte.
- Schwierig sind Aussagen, die mit „*Du musst …*" oder „*Du solltest …*" beginnen. Natürlich hat man als Angehörige:r seine eigene Meinung und darf gerne Ratschläge in Bezug auf die Situation geben. Trotzdem hat die erkrankte Person (außer, sie ist nicht mehr im Vollbesitz ihrer geistigen Kräfte oder hat schon vorher eine anderweitige Verfügung getroffen) das Recht, über ihr Leben und den weiteren Weg nach der Diagnose selbst zu entscheiden. Sollte sie einen ganz bestimmten Wunsch in dieser

Hinsicht äußern, macht es Sinn, sie zu fragen, ob und wie konkret eine Unterstützung von Ihnen als Angehörige:r aussehen kann. Was wünscht sich die:der Kranke von Ihnen? Wie können Sie ihr:ihm in der schwierigen Situation beistehen? Das sind Fragen, die Nähe schaffen und Raum zum Austausch bieten.

- Darüber hinaus ist es für Sie als Angehörige:r natürlich immer möglich, etwas von den eigenen Empfindungen zu erzählen. Teilen Sie dem kranken Menschen zum Beispiel mit, wie es Ihnen gerade geht. Hierfür atmen Sie am besten vorher ein paar Mal tief durch und sammeln sich ein wenig. Erklären Sie dann mit vorsichtigen Worten, dass Sie womöglich unsicher sind oder Angst empfinden, sagen Sie, dass Sie von der Diagnose betroffen sind, jedoch ohne emotional zu entgleisen. Manchmal ist es erst ein ehrliches Bekenntnis der eigenen Gefühle, welches das Tor zu einem erleichternden Gespräch für beide Seiten öffnet.
- Trotzdem wird jeder Mensch wahrscheinlich anders auf ein belastendes Geschehnis reagieren, mancher schweigt, ein anderer redet, wieder andere brechen in Tränen aus oder wollen das, was passiert ist, gar nicht wahrhaben. Elementar dabei für Angehörige ist, zu erkennen, was die:der Betroffene gerade braucht, und mit entsprechendem Feingefühl darauf zu reagieren. Möchte die Person reden, sprechen Sie mit ihr. Versinkt sie in Schweigen, drängen Sie sie nicht. Sucht sie nach Nähe, schenken Sie ihr diese – ob in Form einer liebevollen Umarmung, eines zärtlichen Handhaltens oder des schon erwähnten Einfach-für-die-andere-Person-da-Seins, nichts davon ist hier verkehrt. Nur das Geschehene totzuschweigen und weiterzumachen wie zuvor ist der schlechteste aller denkbaren Wege.

Irgendwann wird nach dem ersten Schock eine gewisse Zeit vergangen sein. Womöglich haben Sie und Ihr:e Angehörige:r sich wieder etwas gefasst, sich intensiver mit dem Krankheitsbild auseinandergesetzt und wissen nun um mögliche Folgen und Einschränkungen im Alltag. Vielleicht befindet sich die:der Betroffene derzeit noch im Krankenhaus oder in der Reha und wird erst in einigen Wochen wieder entlassen. Es kann aber auch sein, dass Ihr:e Angehörige:r schon länger zu Hause ist und mit der Krankheit und den damit zusammenhängenden Lebensveränderungen hadert. Lebensgeschichtliche Gespräche können Betroffene dabei gut unterstützen, sich selbst nicht nur als Diagnoseträger:in zu sehen, sondern die Krankheit in den natürlichen Lebensverlauf mit allen Höhen und Tiefen einzubinden (Specht-Tomann, 2012). Das bedeutet, die eigene Identität, ja das eigene Ich, als vorherrschend zu sehen und die Diagnose als ein Teil derselben (z. B. „Ich bin nicht meine Demenz").

An dieser Stelle stellt sich nicht wenigen Menschen die Frage nach einem übergeordneten Sinn, deren Antwort jedoch nur die betroffene Person für sich selbst finden kann. Sie als begleitende:r Angehörige:r können dabei aber unterstützen, indem Sie Fragen stellen wie zum Beispiel *„Erinnerst du dich an frühere Erkrankungen?"*, *„Was ist damals geschehen?"*, *„Was hat dir geholfen, mit der Situation fertig zu werden?"* oder *„Wie bist du bislang mit Schicksalsschlägen umgegangen?"*. In diesen sehr persönlichen Antworten stecken die Samen für eine Frucht, die sich *Krankheitsbewältigung* nennt. Zugegeben, es ist eine Frucht, die langsam wächst und viel Nahrung braucht. Erblüht sie jedoch in voller Pracht, bringt sie Hoffnung in die Herzen aller von einer Krankheit Betroffenen.

Kommen wir am Ende dieses Abschnittes noch einmal zurück zu der Situation, die bei einer Pflege häufig vorkommt, nämlich derjenigen, dass ein alter Mensch nach einem Klinikaufenthalt nach Hause entlassen wird. Dies stürzt nicht wenige Angehörige anfangs in einen emotionalen Abgrund, weil sie ja noch gar nicht wissen können, was alles auf sie zukommt. In den nächsten beiden Abschnitten stelle ich Ihnen deswegen ein paar Schritte vor, die sich bewährt haben, um zu einer guten Lösung im Hinblick auf eine passende pflegerische Versorgung zu gelangen (Zobel, 2019). Und ich lege Ihnen – nicht weniger wichtig für pflegende Angehörige – eine Methode ans Herz, wie Sie herausfinden, ob eine häusliche Pflege in Ihrem speziellen Fall grundsätzlich überhaupt geleistet werden kann. Sollten Sie diese erste anspruchsvolle Zeit bereits überstanden haben und schon länger pflegen, können Sie natürlich auch gleich zum Abschnitt „Die eigene Pflegerolle klären" weitergehen. Darin erfahren Sie, wie Sie Ihre gegenwärtige Pflegesituation und das dazugehörige Empfinden einschätzen können.

Erste organisatorische Schritte

„Ich freute mich darauf, unseren Vater nach der Reha wieder zu Hause zu haben, selbst wenn dies mein ganzes Leben verändern würde. Mutig und gleichzeitig ängstlich nahm ich die Herausforderung an und stellte mich unserem Schicksal."

– Eine pflegende Tochter –

Es ist kein Geheimnis, dass die meisten Angehörigen zu Beginn einer Pflegetätigkeit (und genauso später) vor einem Berg unterschiedlichster organisatorischer Aufgaben stehen. Besonders dann, wenn man mit dem Thema Pflege bislang noch gar nichts zu tun hatte, kann so etwas ganz schön Angst machen und überfordern. Gleichzeitig verspüren viele Angehörige Wehmut darüber, dass „das, was früher war", niemals mehr in dieser Form zurückkehren wird. Diese Gefühle sind völlig normal und der Unerfahrenheit in Bezug auf dieses Thema geschuldet. Gerne möchte ich Sie, sollten Sie gerade in dieser Situation sein, ein wenig beruhigen: Seien Sie gewiss, dass Sie sich alle notwendigen Kenntnisse und Fähigkeiten aneignen werden, es ist lediglich eine Frage der Zeit. Selbst wenn Sie sich diese Aufgabe jetzt vielleicht noch nicht zutrauen, ich versichere Ihnen, *Sie werden Stück für Stück in sie hineinwachsen und sich sicherer fühlen.* Natürlich stellen sich jetzt viele Fragen, die drängendsten könnten sein:

- Welche Schritte soll ich im Hinblick auf die Pflege einleiten?
- Wie läuft das mit der Finanzierung?
- Wer berät mich, wenn ich etwas wissen will?

Alles Dinge, die es zu Beginn einer einschneidenden Lebensveränderung wie dieser vordringlich zu klären gilt. Im Folgenden möchte ich Ihnen einen Überblick an die Hand geben, welcher aufzeigen soll, in welche grobe Richtung es bei einer häuslichen Pflege gehen kann, eine Art *Notfallplan*, wenn der konkrete Pflegefall eintritt. So erfahren Sie, was auf Sie zukommt, und können sich besser auf die Situation einstellen. Die einzelnen Schritte sind bewusst eher kurz gehalten, da ich alleine über die Ihrer Familie zustehenden Pflegeleistungen ein eigenes Buch schreiben könnte, dies aber nicht das vorrangige Ziel dieses Ratgebers ist. Trotzdem sind die Leistungen und Betreuungsangebote natürlich ein wichtiger Teil der Versorgung, über den Sie Bescheid wissen müssen. Zunächst jedoch packen wir die allerersten Schritte zu Beginn einer Pflegetätigkeit an (Zobel, 2019):

Notieren Sie am besten schriftlich, *was Ihr:e Angehörige:r derzeit noch alleine kann und was nicht mehr*. Fassen Sie sich ein Herz und besprechen Sie diese Beobachtungen mit der Ärzteschaft, welche Ihre:n Angehörige:n behandelt. Gerade medizinisches Fachpersonal hat meist einen guten Überblick über die Problematik und kann den Pflegebedarf einschätzen bzw. um persönliche Eindrücke ergänzen.

Im Anschluss daran stellen Sie sich der Frage, wie die Versorgung der zu pflegenden Person in Zukunft aussehen mag. Bedenken Sie dabei, dass es viele Faktoren gibt, welche diese so wichtige Entscheidung beeinflussen, beispielsweise der Umfang der zu leistenden Pflege, Ihre persönlichen Empfindungen und vor allem auch die Frage, ob Sie als Angehörige:r sich überhaupt zutrauen, die Pflegeleistung künftig zu erbringen. Beraten Sie sich hierfür am besten gemeinsam mit dem alten Menschen und den restlichen Familienmitgliedern, darüber hinaus können Pflegefachleute eine sehr gute externe Unterstützung bieten. Im persönlichen Gespräch sollten Sie Fragen erörtern wie zum Beispiel „*Was wünscht sich Ihr:e zu pflegende:r Angehörige:r?*“, „*Was möchten Sie?*“ oder „*Wie soll die pflegerische Versorgung generell aussehen – nur interne Pflege im Familienkreis oder mithilfe eines ambulanten Dienstes, teilstationär mithilfe von Tages- oder Nachtpflegeeinrichtungen oder stationär im Heim?*“. Für jede dieser Varianten gibt es eine Vielzahl von Unterstützungsmöglichkeiten (siehe Kapitel 4 „Finanzierung der Pflege, Betreuungsmöglichkeiten und Hilfen für pflegende Angehörige"). Versuchen Sie hier unbedingt eine Vereinbarung zu treffen, hinter der Sie stehen können, und lassen Sie sich zu nichts drängen. Liebe:r Leser:in, behalten Sie bitte unabhängig von aller Fürsorge im Blick:

Eine nur aus Not und Pflichtgefühl getroffene Entscheidung hilft am Ende niemandem, am allerwenigsten der pflegebedürftigen Person.

Sollten Sie hier im Zweifel sein, was Ihre Beweggründe sind, wird für Sie der folgende Abschnitt („Die eigene Pflegerolle klären") sicherlich hilfreich sein.

Der nächste Schritt wäre (sofern noch nicht vom Sozialdienst eines Krankenhauses oder einer Reha-Einrichtung übernommen) die *Beantragung des Pflegegrades und der Pflegeleistungen bei einer Pflegekasse.* Dies kann per Post, Telefon oder per E-Mail geschehen – und zwar bei der Pflegekasse, die der Krankenkasse Ihrer:Ihres zu pflegenden Angehörigen angehört (oder, bei privat Versicherten, bei der privaten Pflegeversicherung). Dabei ist das Datum der Antragsstellung nicht ganz unwichtig, denn erst ab dem angegebenen Monat erhält der zu pflegende Mensch die ihm zustehenden Leistungen. Nicht viele Angehörige wissen, dass die Pflegekassen gesetzlich verpflichtet sind, nach Antragsstellung innerhalb von 14 Tagen eine kostenlose *Pflegeberatung* anzubieten. Ich empfehle Ihnen dringend, diese in Anspruch zu nehmen, denn sie eröffnet eine gute Möglichkeit, weitere offene Fragen (z. B. zur Möglichkeit, einen Pflegekurs zur Vorbereitung für die Pflege zu absolvieren) zu klären.

Im Anschluss daran wird ein:e *Gutachter:in* Ihr häusliches Umfeld aufsuchen, um einzuschätzen, wie sich die Pflegesituation vor Ort darstellt und welche Unterstützung Ihr:e Angehörige:r konkret im Alltag benötigt. Auf diesen über die Pflegeleistungen entscheidenden Termin können Sie sich gut vorbereiten, indem Sie Kopien bereithalten von zum Beispiel ärztlichen Gutachten, Krankenhaus- und

Rehaentlassberichten, dem aktuellen Medikamentenplan usw. Genauso macht es Sinn, aufzulisten, ob die:der Betroffene bereits einen Schwerbehindertenausweis hat (zu beantragen beim Versorgungsamt) und welche Hilfsmittel (z. B. Brille, Rollator) derzeit benötigt werden. Darüber hinaus ist ein Überblick darüber sinnvoll, wie viel Zeit Sie (oder ein möglicher Pflegedienst) in die Körperpflege, das An- und Auskleiden, Kochen und für die hauswirtschaftliche Versorgung der zu pflegenden Person investieren (Verbraucherzentrale, 2022). Durch diese Aufzeichnungen kann ein:e Gutachter:in viel besser einschätzen, wie hoch der Pflegeaufwand ist (sollten Sie unsicher sein, wie ein Pflegeprotokoll bzw. -tagebuch aussehen kann, finden Sie zahlreiche hilfreiche Vorlagen unter diesem Stichwort im Internet, etwa unter: https://www.angehoerige-pflegen.de/pflegetagebuch-ausgefuelltes-muster-zur-antragstellung/). An dieser Stelle noch eine wichtige Anmerkung am Rande: *Beschönigen Sie bitte nichts* und schildern Sie die Fakten, denn oftmals sind die von der Pflege Betroffenen versucht, ihren Hilfebedarf aus falscher Scham herunterzuspielen. Das zu tun wäre ungünstig, weil es die Ihrer:Ihrem Angehörige:n zustehenden Pflegeleistungen mindert. Sie richten sich nämlich ausschließlich nach der Höhe des geschilderten Pflegebedarfs. Ist er nicht sehr umfangreich, können Sie sich vorstellen, dass das negative Auswirkungen auf die finanzielle Leistung hat. Schließlich wird ein *Bescheid der Pflegekasse eingehen*, welcher auflistet, ob und in welcher Höhe die beantragten Pflegeleistungen bewilligt werden. Sollten Sie damit nicht einverstanden sein, können Sie binnen eines Monats nach dessen Zustellung *Widerspruch* einlegen.

Nachdem Sie eine erste Entscheidung darüber getroffen haben, ob die weitere Pflege zu Hause stattfinden soll oder in einer Seniorenhilfeeinrichtung, gehen Sie dazu über, diese zu organisieren. Sehr hilfreich für jegliche organisatorische Belange wird es unabhängig davon sein, *mit dem alten Menschen vorab zu regeln, wer ihn gesetzlich vertreten darf*, wenn er dies nicht mehr selbst entscheiden kann. Hier bietet sich zum Beispiel die Erstellung einer Vorsorgevollmacht, einer Betreuungs- und Patientenverfügung sowie einer Bankvollmacht (Vordruck erhältlich bei Ihrer Bank) an. Über diese von Ihrer:Ihrem

Angehörige:n vertrauensvoll ausgestellten Dokumente zu verfügen, wird Ihnen im Bedarfsfall vieles erleichtern. Hilfreiche Vorlagen für Vollmachten finden Sie auf der Internetseite des Bundesjustizministeriums (www.bmjv.de) unter dem Stichwort „Vorsorge und Patientenrechte".

Schließlich ist die Frage der *Pflegefinanzierung* noch ein ganz großes Thema. Sobald der Bescheid der Pflegekasse vorliegt, können Sie schwarz auf weiß sehen, wie hoch die Leistungen ausfallen. Generell stehen dem alten Menschen Ansprüche auf Pflegegeld bzw. Pflegesachleistungen und noch viele weitere Leistungen zu. Genaueres hierzu erfahren Sie weiter hinten in Kapitel 4 des vorliegenden Ratgebers sowie auf der Website des Bundesministeriums für Gesundheit (www.bundesgesundheitsministerium.de) unter dem Stichwort „Vereinbarkeit von Pflege und Beruf".

Zum Abschuss noch ein ganz persönlicher Tipp: Legen Sie am besten jetzt schon einen Ordner an, in dem Sie alle Unterlagen (z. B. Arztbriefe, Entlassberichte) und Briefe (von der Pflegekasse, dem Pflegedienst usw.), welche die Pflege betreffen, aufbewahren. Genauso hat sich bei vielen pflegenden Angehörigen, die ich kenne, eine Pinnwand mit oft benötigten Telefonnummern bewährt. So müssen Sie nicht jedes Mal, wenn Sie mit der zu betreuenden Person einen Termin haben, die Nummer wieder neu heraussuchen und sparen viel Zeit und Energie.

👁 Biografischer Blick

In Zeiten des Wandels sind wir gefordert, uns an neue Situationen anzupassen und Liebgewonnenes zu verabschieden (Wardetzki, 2019). Das hat viel mit Loslassen zu tun. Nur wenn wir loslassen können, wird Veränderung möglich und das Gewohnte darf gehen. Natürlich haben Gefühle von Schmerz, Trauer oder Wehmut über das Vergangene ihre Berechtigung und dürfen nicht verleugnet werden. Trotzdem ermöglicht das Verabschieden dieser Gefühle und die Hinwendung zu etwas Neuem das

Verlassen einer möglichen Opferrolle. Es macht uns wieder handlungsfähig und lässt uns das anpacken, was gerade ansteht: in diesem Fall die Organisation der pflegerischen Versorgung eines alten Menschen.

Bislang haben wir eine ganz entscheidende Frage noch nicht beantwortet. Eine Frage, die für das Leisten einer häuslichen Pflege aber sehr wichtig ist. Sie lautet:

Wollen bzw. können Sie das überhaupt?

Sind Sie, sofern Sie sich dafür entscheiden, wirklich bereit dazu, die Rolle einer:eines Pflegenden zu übernehmen? Können Sie sich vorstellen, Ihr eigenes Leben ab sofort so zurückzustellen, dass Ihr:e Angehörige:r stets gut versorgt und mit ihren:seinen Bedürfnissen mehr oder weniger in den Mittelpunkt gerückt wird? Und wie steht es mit *Ihrem* Gefühlsleben, mit *Ihrer* Beziehung zu der betroffenen Person? War diese Beziehung bislang gut oder kriselte es ein wenig? Was bedeutet das für die gemeinsame Zukunft bzw. bedeutet *ein Mal* pflegen *immer* pflegen? Oder ist eine Unterbringung im Heim nicht doch die bessere Lösung? Diese entscheidenden Aspekte schauen wir uns nun gemeinsam im nachfolgenden Abschnitt an.

Die eigene Pflegerolle klären

„Manchmal gehe ich alle zehn Minuten mit meiner Frau auf die Toilette, weil sie das Gefühl hat, zu müssen. Sie weigert sich, in die Windeln zu machen, und schämt sich sehr, wenn mal etwas danebengeht. Aufgrund Ihrer Harn- und Stuhlinkontinenz kann sie das alles leider nicht mehr richtig steuern. Da ich sie nicht dazu zwingen kann, sich in die Windel zu erleichtern, gehe ich eben mit ihr zur Toilette, selbst wenn es noch so oft vorkommt. Natürlich belastet mich das, weil ich überhaupt keine Zeit mehr für mich habe, aber was soll ich machen?"

– Ein pflegender Ehemann –

So wie diesem Mann ergeht es vielen, die sich um einen hilfsbedürftigen Menschen kümmern – plötzlich sind sie mit Rollen konfrontiert, die sie sich zuvor nie vorgestellt hatten. Nicht wenige pflegende Angehörige begleiten alte Menschen auf die Toilette und helfen beim Verrichten der täglichen Hygiene. Das macht wie sonst nirgends deutlich: Was früher autonom und hinter verschlossenen Türen passierte, ist bei einer Pflegebedürftigkeit meistens nicht mehr so leicht im Verborgenen möglich. Gerade beim Thema Körperhygiene ist es Alltag, dass man plötzlich mit Geräuschen oder Gerüchen in Kontakt kommt, die unangenehm anmuten und oftmals mit Angst bzw. Scham besetzt sind. Wer dies oder Ähnliches über einen langen Zeitraum leistet, fühlt sich nicht selten ausgelaugt und überfordert. Denn die anfallenden Aufgaben enden ja nicht an der Toilettentüre. Darüber hinaus ist es notwendig, der bedürftigen Person beim Essen, Trinken und/oder dem täglichen Anziehen zur Hand zu gehen, alles Dinge, für die es anfänglich große Überwindung braucht, sie umzusetzen. Dabei schwingt immer etwas mit, was das tägliche Umgehen miteinander positiv bzw. negativ beeinflussen kann, nämlich die Frage, wo eine notwendige Hilfestellung endet bzw. wann Bevormundung anfängt. Aus eigener Erfahrung kann ich Ihnen versichern, dass es sich hierbei um einen Punkt handelt, den es im Laufe der Zeit immer wieder neu auszuloten gilt. Sie ahnen wahrscheinlich, dass sich der Gesundheitszustand Ihres zu pflegenden Familienmitgliedes mit der Zeit verändern wird, leider meistens zum Negativen. Einfache Tätigkeiten, die für die Betroffenen zu Beginn vielleicht noch machbar waren, werden zunehmend schwieriger zu erfüllen und sie brauchen Hilfe, *Ihre* Hilfe. Trotzdem ist es wichtig, den alten Menschen so lange wie möglich noch das tun zu lassen, was er noch kann, ohne ihn ständig zu berichtigen. *Es gilt, die kleinen Erfolgserlebnisse zu würdigen anstatt das, was nicht mehr so gut läuft, zu bemängeln.* Eine ehemalige Klientin von mir schaffte das ganz gut mit einer recht unkonventionellen Methode. Sie ließ ihre betagte Mutter mehrmals die Woche die Speisekammer aufräumen und lobte sie anschließend, während sie selbst das Mittagessen kochte oder Telefonate erledigte. Sicherlich mutet es für gesunde Menschen wie uns unsinnig an, etwas aufzuräumen, das gar nicht aufgeräumt werden muss. Für die alte Dame aber machte es Sinn. Sie brauchte ein Beschäftigungsfeld, in dem sie sich nützlich fühlte und an dem sie Freude hatte. Schließlich hatte sie das ihr Leben lang getan: Haushaltsarbeiten verrichtet und alles ordentlich gehalten. Wenn pflegende Angehörige es schaffen, auf diese Art und Weise auf Senior:innen einzugehen, vermitteln sie ihnen ein hohes Maß an *Wertschätzung und Anerkennung* – was wiederum die Pflege erleichtert.

Unabhängig davon ist natürlich klar, dass sich neben den von Ihnen zu leistenden Pflegeaufgaben noch der Alltag bzw. Haushalt gesellt, welcher ebenfalls erledigt werden möchte. Dinge wie zum Beispiel Essen kochen, Wäsche waschen, Einkaufen, Rechnungen überweisen, Gartenarbeiten usw., die man sich früher vielleicht untereinander aufteilte, müssen nunmehr möglicherweise von einer einzigen Person ausgeführt werden, die anfänglich noch keine Ahnung von den Gegebenheiten hat. Eine Person, die alles leistet, ja oftmals leisten muss, weil es gar nicht anders geht oder die finanziellen Möglichkeiten für eine externe Unterstützung nicht da sind. Nicht minder anstrengend ist darüber hinaus die *hohe psychische Belastung*, welche mit einer häuslichen Pflege einhergeht. Die renommierte Gesundheitswissenschaftlerin Annelie Keil beschreibt dies in „Wenn das Leben um Hilfe ruft" (2017, S. 239) so:

> „Die Klagen des erkrankten Menschen über seine Lebenssituation, die Schmerzzustände, die Symptome der Krankheit, über die Unfähigkeit der Ärzte und der ambulanten Dienste, seine ständig neuen Missempfindungen und Befindlichkeitsstörungen […]. Hinzu kommen psychische Veränderungen der Erkrankten – Verwirrtheit, Aggressivität, Depressionen, lange Phasen der Verzweiflung, schwankende Stimmungen aller Art, denen man sich zunehmend hilflos ausgesetzt fühlt und die man irgendwann als eigenes Schicksal befürchtet."

Wie geht es Ihnen, wenn Sie das lesen? Ruft das Ängste oder Befürchtungen in Ihnen hervor? Sie sollten wissen, dass Sie, um solch eine

Belastung dauerhaft aushalten zu können, Mut, einen starken Willen und natürlich Menschen brauchen, die mit Ihnen diesen Weg bestreiten. Bereits zu Beginn einer möglichen Pflegeübernahme sollten Sie deshalb in einer ruhigen Minute in sich gehen und überlegen, wie Sie zu Ihrer Rolle als pflegende:r Angehörige:r stehen und ob Sie diese mitunter auch langfristig ausfüllen können. An dieser Stelle habe ich für Sie ein paar Inspirationen zusammengetragen, die Ihnen helfen, ganz realistisch zu erkunden, warum und aus welchen Motiven Sie eine mögliche Pflegerolle übernehmen möchten (Teusen, 2020):

1. Warum möchte ich die Pflege übernehmen?

Diese Frage klärt die Beweggründe, aufgrund derer Sie über eine mögliche Pflegeübernahme nachdenken. Welchen Grund gibt es für Sie ganz persönlich? Haben Sie vielleicht das Gefühl, Sie *müssten* die Pflege übernehmen, oder sehen keinen anderen Ausweg? Haben Sie es der betagten Person einmal versprochen? Empfinden Sie Schuld, wenn Sie die Pflege nicht übernehmen? Oder ist es schlicht und ergreifend Liebe und das Mitgefühl zu der Person, welches in Ihnen das Verlangen weckt, sie bestmöglich in der schwierigen Lage zu unterstützen? Erforschen Sie hier bitte sehr genau Ihre ganz persönliche Antwort, denn genau sie wird die treibende Kraft sein, die Ihnen hilft, diese herausfordernde Zeit zu stemmen.

2. Welches Verhältnis bestand zwischen der betroffenen Person und mir vor der Diagnose bzw. Erkrankung?

Wenn Sie eine häusliche Pflege übernehmen, kann es sein, dass Sie nahezu im ständigen Kontakt mit der:dem zu pflegenden Angehörigen stehen. Dies wird womöglich bislang unausgesprochene Konflikte verschärfen oder erst richtig ans Tageslicht holen. Ferner sollten Sie sich darauf einstellen, dass sich die Rollenverhältnisse zwischen Ihnen beiden verschieben, denn sehr oft wird die:der Pflegebedürftige auf Ihre Hilfe angewiesen sein und muss Ihnen gezwungenermaßen Entscheidungen übertragen, die sie:er vorher möglicherweise alleine fällte. Um mit solch einschneidenden Veränderungen klarzukommen, braucht es ein sehr gutes Vertrauensverhältnis und enorme Zugeständnisse auf beiden Seiten, was nicht zu unterschätzen ist.

3. Gibt es jemanden, der mich unterstützt?

Diese Frage möchte ich Ihnen, liebe:r Leser:in, ganz besonders ans Herz legen, denn viele pflegende Angehörige haben den Anspruch, die Pflege ganz alleine leisten zu wollen, oder scheuen sich sogar davor, fremde Hilfe anzunehmen. Tun Sie dies um Ihrer selbst willen bitte nicht, sondern kümmern Sie sich frühzeitig um Unterstützung in Ihrer häuslichen Situation. Vergessen Sie nicht, dass gute Pflege einen nicht zu unterschätzenden Aufwand darstellt, der Sie emotional und körperlich (wahrscheinlich über Jahre hinweg) aufs Höchste fordern wird. Um hier nicht irgendwann auszubrennen, ist es überlebensnotwendig, Unterstützung von außen zu bekommen. Diese können zum Beispiel Familienmitglieder, Freundinnen und Freunde oder Bekannte leisten, genauso von der Pflegekasse finanzierte Hilfsdienste, zu denen wir später noch kommen. Überlegen Sie also genau, was Sie alleine leisten können und was nicht. Und falls Sie etwas nicht leisten können, denken Sie ebenfalls darüber nach, an wen Sie die Aufgabe abgeben möchten. Der nachfolgende vierte Aspekt ist nicht weniger wichtig, denn er beschäftigt sich mit Ihrer ganz persönlichen Einstellung sowie liebgewonnenen Hobbys.

4. Was ist für mich wichtig und worauf möchte ich nicht verzichten?

Verantwortungsvolles Pflegen bedeutet nicht, sich selbst aufzugeben und nur noch für eine andere Person da zu sein. Es ist selbstverständlich vollkommen legitim, an einem bestimmten Punkt zu sagen: *„Ich liebe meinen Mann über alles und möchte ihn nicht alleine lassen, aber auf meine Häkelgruppe kann ich nicht verzichten.“* Besitzen Sie die Fähigkeit, Nein zu sagen, wenn Ihnen etwas zu viel wird? Kennen Sie Ihre Grenzen? Wen oder was betrachten Sie als unverzichtbare Ressource in Ihrem gegenwärtigen Leben? Führen Sie sich vor Augen, dass gerade diese Personen oder Tätigkeiten wertvolle Anker in Ihrem neuen

Leben als pflegende:r Angehörige:r sein werden und schaffen Sie bitte von Anfang an dafür den nötigen Raum. Lassen Sie es mich noch einmal ganz direkt sage, weil es so wichtig ist: Trotz Pflege *dürfen* Sie noch ein eigenes Leben haben und sich Auszeiten zugestehen, ja Sie *müssen* es sogar, um nicht auf Dauer Schaden zu nehmen! Nur so ist gewährleistet, dass es sowohl Ihnen als auch dem alten Menschen in Ihrem Umfeld dauerhaft gut geht. Oder meinen Sie, diejenige Person, welche Sie pflegen, hat etwas davon, wenn Sie irgendwann zusammenklappen, weil sie sich übernommen haben?

5. Wie komme ich mit der Pflegesituation klar?

Diese letzte persönliche Frage ist ebenfalls nicht zu unterschätzen. Sie bezieht sich zum Beispiel darauf, wie umfangreich Ihr Wissen über die Krankheit des alten Menschen zum jetzigen Zeitpunkt schon ist. Ferner müssen Sie klären, was der Begriff „Pflege" für Sie und Ihre:n Angehörige:n ganz konkret beinhaltet, mit anderen Worten gilt es sich vor Augen zu führen, welche speziellen Aufgaben anfallen. Den Körper der:des Pflegebedürftigen mit dem Waschlappen waschen oder Windeln wechseln? Das Essen eingeben oder es kleinschneiden, damit es besser gegessen werden kann? Hin und wieder Telefonate führen oder mit einer Generalvollmacht sämtliche Lebensbereiche der:des Betroffenen organisieren? Es gibt enorm große Unterschiede hinsichtlich dessen, was „Pflege" genannt wird. Doch egal, wie ausgeprägt diese auch ist: Sind Sie als Angehörige:r bereit, sich im Bedarfsfall neue Kenntnisse anzueignen, und möchten Sie dies auch? Und welche Aufgaben wollen Sie auf gar keinen Fall leisten? Gerade beim bereits erwähnten Bereich Intimpflege haben nicht wenige Angehörige Hemmungen und trauen sich das gar nicht zu. In so einem Fall macht es Sinn, diese Tätigkeit an andere abzugeben und stattdessen lieber Aufgaben zu übernehmen, die ohne Probleme bewältigt werden können.

Sie haben alle Fragen für sich beantwortet und möchten trotz stationärer Alternativen wie zum Beispiel einem Seniorenheim die häusliche Pflege Ihrer:Ihres Angehörigen übernehmen? Das ist bewundernswert und verdient allerhöchsten Respekt! Trotzdem ist es für Sie als Pflegeperson bei all der Fürsorge entscheidend, sich selbst und Ihre Empfindungen nicht aus den Augen zu verlieren. Sie brauchen einen Rucksack mit nützlichen Inhalten, der Sie für diese anspruchsvolle Aufgabe stützt. Ein gutes Rüstzeug kann beispielsweise ein persönliches *Pflegetagebuch* (Keil, 2017) sein. Darin steht (im Gegensatz zum klassischen Pflegeprotokoll als mögliche Vorbereitung zu einem Begutachtungstermin) die Frage „*Wie geht es mir?*" mit all ihren individuell gefärbten Ausprägungen im Vordergrund. Ein paar impulshafte Anregungen in Form von Fragen, von Ihnen in einem liebevoll angelegten Tagebuch fixiert und in regelmäßigen Abständen beantwortet, können Aufschluss darüber geben, was ich meine:

- Möglicherweise fühlen Sie sich gerade oder schon seit Längerem erschöpft. Doch was ist der Ursprung dieses Gefühls? Das ständige Präsentsein-Müssen? Die Art der Aufgaben? Die Vielzahl derselben? Die Verantwortung? Was genau ist es, das Ihnen so im Nacken sitzt?
- Wie zeigt Ihnen Ihr Körper, dass es zu viel ist? Reagiert er mit Kopfschmerzen, Rückenschmerzen oder Magenproblemen? Können Sie gut schlafen oder leiden Sie an Schlaflosigkeit? Ist der Schlaf, den Sie bekommen, ausreichend und erholsam oder fühlen Sie sich danach wie gerädert?
- Wie ist Ihre grundsätzliche Stimmung? Was fühlen Sie? Wie stehen Sie zu Ihrer Pflegeaufgabe? Erfüllt sie Sie mit Energie oder laugt sie Sie aus?
- Wie ausgefüllt sind die Lebensbereiche außerhalb der Pflege, das heißt, wie viel Zeit haben Sie für Ihre eigene Familie, Interessen, soziale Kontakte usw.? Oder gibt es zu wenig Raum dafür?
- Mit wem können Sie über das, was Sie während Ihrer Pflegetätigkeit erleben, reden? Wo können Sie auch einmal schwach sein und sich entlasten? In der Familie, bei Freund:innen oder Professionellen? Was hilft Ihnen, um sich zu erleichtern? Was macht Ihnen Freude?

- Gibt es Charaktereigenschaften oder Reaktionen des alten Menschen, die Sie belasten? Was stört Sie an sich selbst?

...

All diese Gedankenanstöße und mehr sollten Sie während der Pflegezeit dazu nutzen, ausgiebig Ihre Situation zu reflektieren. Sie werden sehen, dass Sie sich dadurch viel besser wahrnehmen und ihr persönliches Wohlbefinden besser im Blick behalten. Falls Sie einmal merken, dass Ihr Gefühlsleben zunehmend belastet ist, suchen Sie sich bitte an geeigneter Stelle Hilfe (zahlreiche Anregungen hierzu finden Sie in Kapitel 4 „Finanzierung der Pflege, Betreuungsmöglichkeiten und Hilfen für pflegende Angehörige"). Sie werden sehen, danach geht es wieder ein Stückchen leichter.

Biografischer Blick

Grundsätzlich ist es so, dass Veränderungen uns im Normalfall Angst machen (Wardetzki, 2019). Dies ist eine natürliche Reaktion, denn wir wissen noch gar nicht, wie wir mit den neuen Gegebenheiten umgehen sollen und ob wir überhaupt damit zurechtkommen. Angst ist dabei nie ein guter Ratgeber, weil sie verhindert, dass wir klar denken und uns mit Zuversicht auf die neue Situation einlassen. Schaffen wir es jedoch, dieses Gefühl als Hinweis dafür zu nehmen, uns neue Fähigkeiten für die Bewältigung anzueignen, aktivieren wir unsere innersten Kräfte. Sie sind es, die uns schließlich befähigen, das Unbekannte Schritt für Schritt anzunehmen und entsprechend zu agieren.

Am Ende dieses Abschnittes möchte ich Sie gerne noch auf etwas hinweisen: Machen Sie sich bitte bewusst, dass es gerade im Hinblick auf eine längerfristige häusliche Pflege keine abschließende Entscheidung geben wird. Weder Sie noch ich wissen, was die Zukunft bringt. Worüber Sie aber durchaus eine Entscheidung treffen können, ist der jetzige Moment, die sogenannte Ist-Situation. Wenn Sie sich in diesem Moment ausreichend gefestigt und gewillt fühlen, die Pflege zu übernehmen oder weiterzuführen, tun Sie diesen Schritt mit ganzer Kraft und liebendem Herzen. Ganz so, wie es die Schriftstellerin Marie von Ebner-Eschenbach formulierte:

> „Wenn es einen Glauben gibt, der Berge versetzen kann, so ist es der Glaube an die eigene Kraft."

Jedoch bewahren Sie sich trotz dieses so wichtigen Glaubens an die eigene Kraft genauso immer die Fähigkeit, Ihre Entscheidungen flexibel anzupassen und neu zu überdenken, sollten sich die Rahmenbedingungen negativ verändern. Äußerst hilfreich auf diesem verschlungenen Weg kann ein gesundes Maß an Akzeptanz, Flexibilität und Geduld sein – mit diesen Tugenden beschäftigen wir uns im nächsten Abschnitt.

Akzeptanz, Flexibilität und Geduld als Helferinnen anerkennen

„Natürlich war es belastend, doch im Laufe der Jahre bin ich reifer geworden, habe an Tiefe gewonnen. Genauso regen mich viele Dinge weniger auf. Irgendwie bin ich in die ganze Sache reingewachsen. Am Anfang hätte ich mir das niemals vorstellen können, da war alles grau und ohne Hoffnung. Damals klagte ich immer wieder zu Gott: ‚Warum nur tust du uns so etwas Schreckliches an?'"

– Eine pflegende Angehörige –

Der Dame, die mir vor einiger Zeit diese Empfindungen mitteilte, ist etwas gelungen, was vielen pflegenden Angehörigen erst allmählich (oder manchmal auch nie) gelingt: Sie hat inneren Frieden mit der Situation gemacht, ja am Ende sogar etwas Gutes für sich daraus gezogen. Das aber ist oftmals ein langer Weg, der mit vielen Steinen gepflastert ist, denn er erfordert eine Annahme des Geschehenen sowie das Ablegen jeglichen inneren Widerstandes.

Auch Sie pflegen seit mehr oder weniger langer Zeit einen geliebten Menschen und sind dabei wahrscheinlich mit widersprüchlichen Gefühlen konfrontiert. Womöglich gibt es Momente, in denen Sie die Situation besser annehmen können, und genauso andere, in denen Sie das Geschehene infrage stellen und einfach nur verzweifelt sind. Gerade im Hinblick auf schwere Pflegefälle gibt es nicht die eine Lösung, welche „alles wieder gut macht", oftmals gibt es lediglich gewisse Erleichterungen, zum Beispiel in Form von stärkeren Tabletten, besser angepassten Hilfsmitteln oder Ärzt:innen, die sich – oftmals weit über das normale Betriebsgeschehen hinaus – besonders um die ihnen anvertrauten Menschen bemühen.

Gerade das Annehmen dieser herausfordernden Lebensumstände stellt keine einfache Aufgabe dar. So oft wünschen sich alle Beteiligten, es möge doch „einfach wieder so sein wie früher". Auch ich erinnere mich noch sehr genau daran, wie meine Mutter vor fünf Jahren die Diagnose Schlaganfall erhielt. Wir alle standen im Krankenhausflur und konnten es nicht glauben, ganz zu schweigen von meiner Mutter, die sich völlig in sich zurückgezogen hatte. Als ich danach nach Hause fuhr, liefen mir die Tränen über die Wangen und ich ahnte, dass unser Leben nie wieder so sein würde wie früher. Ich wehrte mich dagegen, die neue Wahrheit anzunehmen, doch es half alles nichts: Am Ende wurde meine Mutter im Rollstuhl sitzend aus der Reha entlassen – und wir alle mussten damit zurechtkommen. Erst mit der Zeit gelang uns ein Dazulernen, ein Umdenken, ein Ausprobieren und Arrangieren mit der belastenden Situation, was bis heute immer noch viel Zeit und Nerven kostet. Trotzdem haben wir das Geschehene als unser Schicksal angenommen – und schaffen es sogar, regelmäßig unbeschwerte Stunden zu genießen, ohne der Vergangenheit nachzutrauern. Der Schlüssel zu diesem Genießen ist das bereits erwähnte gesunde Maß an *Akzeptanz*, das *innerliche Annehmen des So-Seins*. Die Psychotherapeuthin Luise Reddemann (2008) bezeichnet ebenjenen Prozess als *Finden zu einer inneren Unabhängigkeit*, welche uns in schwierigen Situationen trägt. Um sich trotz der (oftmals widrigen) Umstände frei zu fühlen, bedarf es aber eines gewissen Grundvertrauens in das Leben. So wird es möglich, mehr Gelassenheit zu finden. Doch bis Menschen an so einen wünschenswerten Punkt gelangen, fließt erfahrungsgemäß viel Wasser die Donau hinunter. Zuvor müssen sich alle an der Pflege Beteiligten mit einer einschneidenden Krise, einem Neuanfang und dem Versuch auseinandersetzen, das Neue bestmöglich in das alte Leben zu integrieren. Nicht selten vergehen darüber Jahre und Jahrzehnte, frustrierende Rückschläge inbegriffen. Antje Gardyan (2017, S. 121) schreibt sinngemäß:

> „Was ist das Gute im Schlechten? Das ist die spannende Frage, die nach der Akzeptanz kommt. Es geht also nicht um ein opferhaftes oder stoisches Annehmen von Schicksalsschlägen und Veränderungsrichtungen. Es geht darum, die neuen Gegebenheiten langsam anzunehmen und sie als Basis für neue Überlegungen zu nutzen. Es geht darum, einen Sinn aus der neuen Konstellation zu schmieden. […] Das geschieht in der Regel aber nicht von allein, es bedarf geistiger Energie (manchmal auch physischer), um diesen neuen Sinn zu finden."

Manche:r mag das womöglich mit einem Hanteltraining vergleichen, bei dem eine Person Gewichte stemmt, um ihre Muskeln zu stärken. Nur dass es bei einer Pflege eben die innere Kraft und Weisheit sein können, welche immer mehr zunehmen. An dieser Stelle möchte ich Ihnen gerne eine aufbauende Geschichte vorstellen, die das bildhaft darstellt und den Titel „Eine Legende aus der Sahara" (De Paola, 2018, zitiert nach Kühner, o. J.) trägt:

> „Eine Legende aus der Sahara erzählt, dass ein missgünstiger Mann in einer Oase eine besonders schöne junge Palme heranwachsen sah. Da er von Neid auf alles Junge, Hoffnungsvolle erfüllt war, wollte er die schöne Palme verderben. Er nahm einen schweren Stein und legte ihn mitten auf die junge Krone. Der junge Baum schüttelte sich, aber es gelang ihm nicht, den Stein abzuwerfen. Da entschloss er sich, mit der Last zu leben. Er grub seine Wurzeln tiefer in die Erde, so dass die Äste kräftig genug wurden, den schweren Stein zu

> tragen. Nach Jahren kam der Mann zurück, um sich an dem verkrüppelten Baum zu erfreuen. Aber er suchte ihn vergebens. Die Palme, inzwischen zur größten und stärksten der ganzen Oase herangewachsen, sagte zu dem Mann: ‚Ich muss dir danken, deine Last hat mich stark gemacht!'"

Was können Sie tun, um das Geschehene besser für sich anzunehmen und an innerer Stärke zu gewinnen? Der wichtigste Faktor in meinen Augen ist Zeit. Zeit und das unbedingte Bewusstsein der Liebe zu der Person, die man so hingebungsvoll pflegt. Dies zu leisten ist ein großes Zeichen von Nächstenliebe. Von Wertschätzung. Von dem Sich-Einsetzen für einen anderen, hilfsbedürftigen Menschen, der Ihre Zuneigung so dringend braucht. Wenn Sie als pflegende:r Angehörige:r es dann noch schaffen, an irgendeinem Punkt in der Zukunft den gegenwärtigen Zustand so zu akzeptieren, wie er ist, wird sich Ihr Blickwinkel verändern, und zwar weg von einer inneren Ablehnung hin zu einer Verbesserung der Situation (Wardetzki, 2019).

Um diesen wünschenswerten Zustand zu erreichen, hilft es, so gut es geht im Hier und Jetzt zu sein, und zwar nicht nur im Hinblick auf die anfallenden Pflege- und Betreuungsaufgaben, sondern genauso in Bezug auf Ihre ganz eigenen Empfindungen und Bedürfnisse. Dieses konzentrierte Sein schafft Raum dafür, dass Sie das, was jetzt gerade ist, sowohl das Gute als auch das Schlechte, für sich persönlich mit einer bewussten Entscheidung annehmen können. Es ist ein Entschluss, den Sie als pflegende:r Angehörige:r fällen und der Ihnen einen neuen Weg aufzeigen kann. Ein Weg, der Ihnen möglicherweise Antworten auf Fragen eröffnet wie zum Beispiel „*Wie möchte ich gerne mit der Pflegesituation umgehen?*", „*Was ist mein größeres Ziel?*" oder „*Wie kann ich mit den Gegebenheiten bestmöglich leben?*". Zwei wertvolle Helferinnen auf diesem Weg der Annahme sind die Tugenden *Flexibilität* und *Geduld* – sie sind Gold wert, besonders, wenn es um brisante Situationen geht, die während einer Pflege immer wieder auftreten.

Biografischer Blick

Indem wir Situationen annehmen, wie sie sind – mit allen Höhen und Tiefen –, schaffen wir es, sie in unsere Lebensgeschichte zu integrieren und uns neuen Zielen (z. B. die Gestaltung der künftigen Pflege) zu widmen. Akzeptieren bedeutet dabei nicht, sich den Gegebenheiten hilflos auszuliefern, sondern sie bewusst zu bejahen. Wer den Widerstand gegen eine schwierige Situation aufgibt, sieht das, was gerade ist, ohne die eigenen Bedürfnisse zu vergessen. Gerade bei einer häuslichen Pflege braucht das viel Zeit, Flexibilität und Geduld.

Sicherlich haben Sie, liebe:r Leser:in, ebenfalls schon festgestellt, dass Sie je nach Art der Pflegebedürftigkeit mit unterschiedlichen Herausforderungen konfrontiert sind, die Sie manchmal an Ihre Grenzen bringen. In so einem Fall gilt es, immer wieder neu abzuwägen und geduldig bzw. flexibel auf die jeweiligen Konfliktsituationen zu reagieren. In der Praxis bedeutet das, sich in die kranke Person und ihre Welt hineinzuversetzen, anstatt auf den eigenen Vorstellungen zu beharren. So wie in diesen zwei Beispielen, bei denen es um den Umgang mit Demenzkranken geht:

Eine ehemalige Klientin konnte nicht akzeptieren, dass die demenzkranke Mutter immer wieder nach ihrem bereits verstorbenen Vater fragte, welcher sie nach dem Frühstück abholen sollte. Viele Male erklärte die Klientin, dass der Vater bereits verstorben war und nie wieder kommen würde, sie konnte sich einfach nicht auf die Wahrheit ihrer Mutter einlassen. Dies verursachte viel Leid bei der alten Dame – denn für sie starb der Ehemann gefühlt immer wieder – und kostete auch meine Klientin viel Kraft. Irgendwann traf Letzere die bewusste Entscheidung, das Krankheitsbild ihrer Mutter anzunehmen und nicht mehr der Realität entsprechend zu antworten. Bei der nächsten Frage nach dem Vater erklärte sie ihr geduldig, dass dieser noch bei der Arbeit sei und sie im Moment nicht abholen könne. Anschließend lenkte sie das Gespräch geschickt auf ein anderes Thema. Die Folge: Diskussionen diesbezüglich wurden weniger.

Bei einer anderen demenzkranken Dame war das Waschen ein Problem. Jede Woche wieder kam es zu großen Diskussionen, wenn die Ganzkörperpflege anstand. Obwohl sie früher auf eine gute Körperhygiene Wert gelegt hatte, verabscheute sie jetzt das Duschen oder Baden, was ihre pflegende Tochter zur Verzweiflung brachte. Irgendwann versuchte sie es damit, die Mutter entscheiden zu lassen, das heißt, sie bestimmte nicht mehr mit den Worten: „*Jetzt gehen wir duschen!*", sondern fragte stattdessen: „*Mama, willst du duschen ODER baden?*" Die meisten Menschen treffen dann eine Wahl, anstatt pauschal alles abzulehnen. Was die Tochter darüber hinaus praktizierte, war, dass sie ihre Mutter häufig am ganzen Körper mit einem Waschlappen wusch, was diese sich eher gefallen ließ.

Wie man an diesen Beispielen sieht, haben Akzeptanz, Geduld und Flexibilität viele Gesichter – dies waren nur zwei davon. Akzeptanz kann sowohl im Großen als auch im Kleinen stattfinden, in unterschiedlichster Form. Was Akzeptanz aber unbedingt braucht, ist neben dem zeitlichen Aspekt immer ein gewisses Maß an „Nicht-mit-dem-Kopf-durch-die-Wand-Wollen". Der Gewinn aus dieser inneren Annahme zeigt sich schließlich in Form von entspannteren Beziehungen, wertvollen Momenten des Glücks und vor allem der Zufriedenheit, zu erkennen, dass man selbst in herausfordernden Situationen (nicht selten unkonventionelle!) Lösungen gefunden hat. Was ich Ihnen darüber hinaus aus meinem ganz persönlichen Erfahrungsschatz noch mit auf den Weg geben möchte, ist dieses:

- Übereilen Sie bitte nichts und seien Sie geduldig mit sich, selbst wenn Sie die Situation im Moment (noch) nicht annehmen können. Vergessen Sie nicht: Häusliche Pflege ist ein langwieriges Unterfangen und darüber hinaus eine Aufgabe, die viel Energie von Ihnen erfordern wird. Gerade in der ersten Zeit nach Eintreten der Krisensituation haben pflegende Angehörige meist erst einmal mit dem Schock zu tun und sind damit beschäftigt, nicht unterzugehen. Das alleine ist Anstrengung genug.

- Nehmen Sie sich bitte immer wieder Zeit für sich, und wenn es nur ein paar Minuten sind. Es bringt nichts, sich rund um die Uhr um seine:n Angehörige:n zu kümmern und dabei sich selbst zu vergessen. Überlegen Sie deshalb, was Sie persönlich benötigen, um sich entspannen zu können: Eine Tasse Tee? Den Blick in eine Kerze? Ein Tagebuch, in dem Sie Ihre Gedanken notieren? Oder ein entspannendes Bad mit Ihrer Lieblingsmusik? Gerade dieses regelmäßige Sich-Besinnen und Alleine-Sein schaffen Raum für Reflexion und fördern die innere Akzeptanz.
- Tauschen Sie sich mit anderen aus, wenn Sie alleine mit der Pflegesituation nicht gut zurechtkommen. Ich denke da an Familienmitglieder, Freundinnen und Freunde, Angehörigengruppen, Psycholog:innen oder Fachkräfte aus der Altenpflege und Pflegeberatung (Näheres hierzu am Ende von Kapitel 4 „Finanzierung der Pflege, Betreuungsmöglichkeiten und Hilfen für pflegende Angehörige"). Manchmal tut es unendlich gut, sich mit seinen Sorgen jemandem anvertrauen zu können. Nicht selten gehen Pflegende aus solchen Gesprächen gestärkt und/oder mit neuem Blickwinkel wieder heraus.
- Lesen Sie Erfahrungsberichte von Menschen, die mit ähnlichen Herausforderungen wie Sie konfrontiert wurden. Lernen Sie aus diesen Berichten und lassen Sie sich inspirieren, wie andere mit einer häuslichen Pflegesituation umgingen. Zudem gibt es viele nützliche Reportagen im Internet, beispielweise auf der Plattform YouTube unter dem Stichwort „Hilfe für pflegende Angehörige".

Doch was ist, wenn dies alles nicht hilft und belastende Gedanken und Gefühle Sie zu überwältigen drohen? Sprechen wir darüber im nächsten Abschnitt.

Belastenden Gedanken und Gefühlen Raum geben

> *„Als wir zum zehnten Mal an diesem Tag die Lesebrille meines Vaters suchten, platzte mir plötzlich der Kragen. Ich schrie ihn an und beschuldigte ihn, er mache das doch mit Absicht! Als ich in sein schuldbewusstes Gesicht blickte, fühlte ich mich schlecht. Was war nur in mich gefahren, diesen hilflosen Mann so dermaßen anzufahren?"*
>
> *– Eine pflegende Angehörige –*

Wenn Sie einen Menschen pflegen, werden Sie sicherlich die Erfahrung gemacht haben, in Ihrem Alltag mit unterschiedlichsten Gedanken und Gefühlen konfrontiert zu sein. Am häufigsten wird es sich wahrscheinlich um Empfindungen von Ohnmacht, Wut, Überforderung, Enttäuschung, Verzweiflung und möglicherweise sogar Resignation handeln. Genauso könnten Sie Gefühle von Trauer, Ekel, Schuld oder Scham belasten und immer wieder vor gehörige Herausforderungen stellen. Die damit meist verbundenen Gedanken (z. B. *„Ich muss das alleine schaffen"*, *„Mir ist alles zu viel"*, *„Der tut das doch mit Absicht"* oder *„Ich kann sie nicht einfach abgeben"*) tun da ihr Übriges. Lore Großhans, ebenfalls ehemalige pflegende Angehörige, beschreibt dies in ihrem Buch „Und wo bleibt mein eigenes Leben?" (2003, S. 41–42) sehr passend:

> „Keinem bleibt das quälende Durcheinander von Gefühlen erspart. Das Bedürfnis, dem geliebten Kranken so viel Gutes wie möglich zu tun, das Gefühl, ganz für ihn da sein zu wollen, sich selbst nicht wichtiger zu nehmen als ihn. Die Zweifel, vielleicht doch zu wenig getan, vielleicht sich sogar ‚versündigt' zu haben, weil man sich in seiner totalen Erschöpfung und Verzweiflung manchmal fragt: ‚Warum stirbt er/sie nicht endlich?'. Die Wut, dass er einem das eigene Leben ‚stiehlt'. Das Hadern mit dem Schicksal, dem des Kranken und dem eigenen. Die Trauer, das Wissen, ihn bald zu verlieren. Mitleid mit ihm, aber auch mit sich selbst. Die Angst, die eigene

> Familie zu verlieren. Wut, Aggression, Liebe, Trauer – die ganze Palette von Emotionen wird hier durchgespielt.“

Das ist nicht überraschend, denn – nicht selten nervenaufreibende – Jahre hingebungsvollen Kümmerns fordern nun einmal einen Tribut. So mag es einer Tochter, welche sich um ihre vergessliche Mutter kümmert, womöglich anfänglich noch gelingen, über das im Kühlschrank abgelegte Gebiss zu schmunzeln. Später jedoch, wenn dies dreimal täglich geschieht und die Mutter einfach nicht einsehen will, dass die Zähne im Kühlschrank nichts zu suchen haben, werden sich auch bei der noch jüngeren Frau schnell Gefühle von Wut und Aggression einstellen. Die nicht zu unterschätzende Krux bei dieser Sache ist, dass Sie als Pflegeperson ja immer mit *zwei Arten von Gefühlszuständen* konfrontiert sind: ihren eigenen und denjenigen der Person, welche Sie pflegen. Kurzum:

> **Mit beiden Empfindungen zur selben Zeit umzugehen (und nicht zu verzweifeln!), ist nicht einfach.**

Und als würde das nicht reichen, kann sich die Pflegesituation natürlich zu jeder Zeit verändern: sei es durch eine Verschlechterung des gesundheitlichen Zustandes (betrifft sowohl Pflegeperson als auch Betreute), finanzielle Nöte, belastende Gedanken (z. B. Sorgen vor der Zukunft) oder die ständige Konfrontation mit dem Gefühl, ausgelaugt zu sein, von dem so viele Angehörige ein Lied singen können. Es kann unglaublich anstrengend sein, alle mit solchen Herausforderungen verbundenen Gedanken oder Gefühle wegzudrücken, weil man womöglich den (unrealistischen) Anspruch an sich hat, stets wie ein Fels in der Brandung zu sein. Im schlimmsten Fall führt das dazu, dass Sie, liebe:r pflegende:r Angehörige:r, womöglich selbst irgendwann körperlich oder seelisch erkranken. Dies gilt es unbedingt zu vermeiden! Doch was kann die Alternative sein? Was können Sie tun, wenn Sie negative Gefühle wieder einmal übermannen und Sie keinen

Ausweg mehr aus der Situation wissen? Versuchen wir, eine Antwort zu finden.

Eine gute Möglichkeit, mit belastenden Gedanken und Gefühlen umzugehen, ist das *bewusste Kontrollieren* derselben (Bauer, 2020). Hierzu sollten Sie wissen, dass Gefühle stets von den ihnen vorausgehenden Gedanken gesteuert werden. Denken Sie zum Beispiel über eine Sache *negativ*, werden Sie *negative Gefühle* empfinden, haben Sie stattdessen *positive, aufbauende Gedanken*, richten sich Ihre Gefühle *ebenfalls* danach.

Gerne möchte ich Ihnen das an einem ganz persönlichen Beispiel verdeutlichen: Als meine Mutter vor einigen Jahren den Schlaganfall hatte, stürzte das unsere ganze Familie in eine Krise. Neben den vielfältigen organisatorischen Verpflichtungen und Hausumbauten mussten wir von heute auf morgen damit zurechtkommen, dass wir unser aller Leben komplett auf meine Mutter abstimmen mussten. Sogar ich, die ich von guten Vorerfahrungen in Sachen Pflege profitieren konnte, wurde von negativen Gefühlen überwältigt und fühlte mich machtlos. Ständig sorgte ich mich um die Zukunft, malte mir Schreckensszenarien aus und kam nicht zur Ruhe. Daneben spürte ich Zorn auf eine unbekannte Macht, die uns allen ein so schlimmes Schicksal aufbürdete. Viele Monate lang haderte ich mit mir und schaffte es einfach nicht, das Geschehene zu verarbeiten. Äußerlich war ich zwar für meine Eltern da und übernahm gemeinsam mit meinem Vater die häusliche Pflege, innerlich jedoch sperrte sich alles. Trotz innigster Zuneigung tat ich mich schwer damit, meine in den Jahren davor mühsam gewonnene Freiheit aufzugeben. Vor dem Schlaganfall hatte ich meine Eltern höchstens einmal in zwei Wochen besucht und den Rest der Zeit ein Leben geführt, für das ich mich vor niemandem zu rechtfertigen brauchte. Jetzt, nach dem Schlaganfall, zählten diese Befindlichkeiten nicht mehr und alles war anders: Nahezu jeden Tag war ich nun vor Ort und kümmerte mich um Mamas Pflege, Finanzen, Haushalt, den Garten und alles, was im Hause meiner Eltern eben so anfiel. Irgendwann konnte ich nicht mehr und fiel in ein Loch. Mehr oder weniger gezwungenermaßen stellte ich mich schließlich den Gefühlen, die mich bis dahin so beherrscht hatten: Zunächst einmal machte ich mir klar, dass ich alleine dafür verantwortlich war, wie ich die Situation beurteilte und welche Gedanken ich mir dazu machte. Das Außen konnte ich nicht verändern: weder, dass meine Mutter diesen Schicksalsschlag erlitten hatte, noch, dass ich nun ständig vor Ort sein und meinen Eltern helfen musste. In meinem Inneren konnte ich jedoch sehr wohl etwas tun. Ich konnte mir bewusst machen, dass ich sehr wohl die Entscheidung hatte, wie ich über die Situation dachte. Kurzum: *Ich übernahm die Verantwortung für meine Gefühle* (welche den vorausgehenden Gedanken naturgemäß folgten). Im nächsten Schritt setzte ich mich mit meiner Wut und Verzweiflung auseinander, das heißt, ich ging in einer ruhigen Minute in mich und erforschte, wo genau in meinem Körper diese Gefühle spürbar waren, und vor allem, in welcher Form. War es ein Druckgefühl im Magen? Ein Schmerz hinter der Stirn? Eine Verkrampfung in der Brust? Hier musste ich nicht lange nachdenken: Die Wut machte sich bei mir in der Halsgegend bemerkbar, alles dort fühlte sich angespannt an. Darüber hinaus mahlte ich sehr oft mit den Zähnen, eine neue Begleiterscheinung, seitdem Mama krank geworden war. Ja, die Wut war da und sie durfte es sein, jetzt in diesem Moment der Stille und des persönlichen Gewahrseins. Intensiv dachte ich nun an das Gefühl und *nahm die damit verbundenen Empfindungen im Körper wahr*, anstatt sie wie gewohnt einfach wegzudrücken. Anschließend *atmete ich tief ein und aus*, bis in den Bauch hinein, sodass dieser sich nach außen wölbte. Jeweils beim Ausatmen stellte ich mir vor, dass ich die Wut losließ und durch das Einatmen neue Energie tankte. Viele Male atmete ich in dieser Art und Weise aus und ein, so oft, bis ich das Gefühl hatte, die Wut schwäche sich ab. Nachdem dies geschehen war, überlegte ich, *welche Gedanken dem Wutgefühl vorausgegangen waren*. Es waren Gedanken wie zum Beispiel „*Warum passiert das gerade uns?*“, „*Warum muss Mama so leiden?*“, „*Jetzt habe ich kein eigenes Leben mehr!*“. Diese Gedanken verursachten in mir eine innerliche Sperre, ein ständiges Sich-Sträuben gegen die Ist-Situation, und machten mir das Leben schwer. Im letzten Schritt versuchte ich, genau *diese negativen Gedanken zu verändern*, das heißt, ich bemühte mich, dem Ganzen etwas Positives abzugewinnen. Jetzt kamen mir Gedanken in den Kopf wie zum Beispiel „*Alles im Leben hat einen Sinn, wahrscheinlich auch dieses*", „*Vielleicht ist das die letzte Chance, Zeit mit meinen Eltern zu verbringen und alte Wunden heilen zu lassen*", „*Es ist eine gute und sinnvolle Aufgabe, etwas für die Familie zu tun*" oder „*Ich kann mir mehr Freiraum für mich schaffen, wenn ich ein paar Aufgaben abgebe*". Mit diesen eher positiven Gedanken ging es mir besser und mein Wutgefühl nahm langsam ab.

Selbst wenn diese Schritte eher banal anmuten, möchte ich an dieser Stelle doch deutlich machen, dass das bewusste Kontrollieren von Gedanken oft ein Prozess von *Jahren* und sicherlich nicht damit getan ist, diese Übung nur ein einziges Mal durchzuführen. Stattdessen macht es Sinn, sich regelmäßig damit zu beschäftigen, um anders mit den eigenen Gefühlen umgehen zu können. Oft genug wird es natürlich trotzdem noch eine Rückkehr in alte Denk- oder Verhaltensmuster geben. Dennoch werden Zeiten kommen, in denen die belastenden Gedanken und Gefühle weniger werden und Sie sich langsam an die Situation gewöhnen. Unabhängig davon ist es für jeden Menschen gut, eine hilfreiche Methode an der Hand zu haben, wie sich negative Gefühle im Bedarfsfall verändern lassen.

Vielleicht aber ist es so, dass Sie mit dieser Übung gar nichts anfangen können oder sich womöglich noch selbst für Ihre Gefühle verurteilen? Dann lassen Sie mich Ihnen erklären, dass dies nicht ungewöhnlich ist. Viele Pflegende leben mit Schuldgefühlen und sind feindseelig gegenüber sich selbst. Dabei haben wir alle zwei Teile in uns – einen, der die negative Seite der Situation beklagt, und einen anderen, welcher das Gefühl der Überlastung auf verborgene, womöglich nicht angebrachte Wünsche zurückführt (z. B. lieber frei und unabhängig zu sein) (Reddemann, 2008). Meist ist es so, dass beide Teile miteinander ringen, und keiner hört dem anderen zu. Schaffen wir es aber, diese widersprüchlichen Empfindungen in uns gleichermaßen anzuerkennen, *ohne* uns zu verurteilen, ist ein Akzeptieren der Gefühle möglich. Kurz: *Jeder Teil darf vom anderen gehört werden, jeder darf da sein*. So entsteht ein gesundes Gleichgewicht zwischen beiden Polen – und der Psyche geht es besser.

Um noch einmal auf das Thema Selbstverurteilung zurückzukommen: Sollten Sie dies tun, versuchen Sie bitte, so schwer dies auch sein mag, milder mit sich zu sein. Die Fachärztin für Psychiatrie und ausgebildete Psychoanalytikerin Dr. Luise Reddemann beschreibt das in ihrem Buch „Eine Reise von 1.000 Meilen beginnt mit dem ersten Schritt“ (2008, S. 16) so:

> „Keine Verurteilung. Wenn Sie sich am Boden fühlen, bitte ich Sie zuallererst: Verurteilen Sie sich nicht dafür. Auch wenn Sie nicht verstehen, warum es so ist, auch wenn Ihnen andere sagen, Sie hätten dieses oder jenes tun oder lassen sollen, dann wäre alles anders: Verurteilen Sie sich nicht! […] Hat sich in Ihrem Leben je etwas in die gewünschte Richtung entwickelt, weil Sie sich selbst verurteilt haben? Es könnte lohnend für Sie sein, dass Sie sich damit beschäftigen zu unterscheiden: Verurteilung ist nicht das Gleiche wie der Wunsch, dass sich etwas ändern möge.“

Wenn es also irgend möglich geht, lassen Sie bitte die Selbstverurteilungen weg und nehmen Sie Ihre Gefühle an, wie sie sind. Oder haben Sie etwa schon einmal die Erfahrung gemacht, dass Selbstverurteilung eine Situation auf irgendeine Art und Weise verbessert hat? Was Sie unabhängig davon natürlich immer tun dürfen, ist *klagen*. Wenn Sie Ihre Klagen in Worte fassen und aussprechen bzw. aufschreiben, können diese sich wandeln und Sie fühlen sich leichter. Finden Sie Ihre eigene Zeit (bitte begrenzen, z. B. jeden Tag 15 Minuten), ihren eigenen Raum bzw. die Art, wie Sie klagen möchten. So können Sie zum Beispiel eine Runde im Park drehen und über das reflektieren, was Ihnen auf dem Herzen liegt. Oder Sie verfassen einen Brief oder setzen sich auf einen bestimmten Stuhl, um Ihre Klagen loszuwerden. Nehmen Sie sich die Zeit, die Sie dafür brauchen, und tun Sie das ohne schlechtes Gewissen. Und wer weiß, vielleicht entwickeln sich aus den Klagen ja sogar Wünsche für die Zukunft oder das Gefühl, dass nicht „alles“ an der gegenwärtigen Situation schlecht ist. Sicher bemerken auch Sie noch ein paar „gute“ und sinnstiftende Momente in Ihrem Leben, für die es sich lohnt, dankbar zu sein.

Biografischer Blick

Im Laufe des Älterwerdens entwickeln wir bestimmte Mechanismen, mit denen wir auf Krisensituationen reagieren. Forscher:innen berichten von 20 verschiedenen Bewältigungsmechanismen, eine genaue Abgrenzung ist nicht immer möglich und es gibt sogar Mischformen. So reagiert eine Person auf ein schlimmes Erlebnis mit einer depressiven bzw. agressiven Grundhaltung, wohingegen eine andere aus ihrer Erfahrung heraus vielleicht anderen Menschen in derselben Krise hilft. Keine der Reaktionsarten ist dabei „positiv" oder „negativ" – sie sind alle dazu da, um das seelische Gleichgewicht zu erhalten bzw. wieder herzustellen. Im besten Fall entwickeln sich aus krisenhaften Situationen Chancen und persönliches Wachstum (Klingenberger, 2003).

Liebe:r Leser:in, pflegen Sie vielleicht einen Menschen mit Demenz? Dann werden Sie nicht selten noch mit ganz anderen Situationen konfrontiert: nämlich denjenigen, in denen die Lage richtig zu eskalieren droht und ihre Nerven auf Grundeis liegen. Denn gerade wenn die Krankheit schon in einem fortgeschrittenen Stadium ist, laufen die Betroffenen oft nächtlich umher, sind unruhig oder machen sich gar durch ununterbrochenes Rufen bemerkbar. Im schlimmsten Fall führt das zu gewaltsamen Handlungen (z. B. Anschreien, Verweigerung von Hilfe, grobes Anfassen), welche unbedingt zu vermeiden sind (Zentrum für Qualität in der Pflege, 2020b). Wie kann man in so einer herausfordernden Situation als häuslich pflegende:r Angehörige:r die eigenen Gefühle trotzdem einigermaßen gut in den Griff bekommen? Das Onlineportal www.pflegen-und-leben.de (Zentrum ÜBERLEBEN, o. D.b) empfiehlt in diesen Fällen Folgendes: Zunächst macht es Sinn, sich aus der zu eskalieren drohenden Situation zurückzuziehen, um das innere Gleichgewicht wiederzufinden. Gehen Sie deshalb bitte unbedingt ein paar Minuten aus dem Raum. Atmen Sie nun bewusst ein paar Mal tief ein und aus und versuchen, sich zu beruhigen. Fangen Sie laut an, von zehn abwärts zu zählen, so lange, bis sie bei null angelangt sind. Möglicherweise bereiten Sie sich ein Getränk zu, gehen ein paar Schritte hin und her oder schauen ein paar Sekunden aus dem Fenster. Nachdem sie sich ein bisschen entspannt haben, sprechen Sie sich gut zu, vielleicht mit Worten wie diesen: „*Jetzt beruhige ich mich erst mal. Im Moment liegen meine Nerven zwar blank, aber das wird wieder vorbeigehen. Solange ich noch so aufgebracht bin wie gerade, ist es auf jeden Fall besser, hier zu bleiben und mich wieder zu sammeln. Diese Zeit nehme ich mir. Und wenn ich das Gefühl habe, ich bin ruhiger, versuche ich es erneut.*“ Viele Gefahrensituationen in der Pflege werden so entschärft und ermöglichen eine erneute Annäherung ohne Eskalation. Öfters eingeübt, wird dieses Verhalten sicherlich in so manch auftretender Konfliktsituation eine drohende Gewalthandlung verhindern.

Nun haben wir bereits das erste große Kapitel dieses Ratgebers geschafft. Sie haben erfahren, welche Haltung und/oder Gedanken Sie einnehmen können, um emotional gestärkt durch die Pflegezeit zu kommen. Doch nicht nur ein kraftvoller Geist ist entscheidend für das Wohlbefinden, ein gesunder Körper ist ebenfalls wichtig. Schauen wir uns deswegen im nächsten Kapitel an, was Sie tun können, um Ihre Körperkraft zu stärken – damit Sie lange für sich und Ihre:n geliebte:n Angehörige:n fit bleiben.

2 Körperliches Wohlbefinden stärken

Für ausreichend Schlaf sorgen

„Ich kam mir vor wie ein Hamster im Laufrad. Nicht einmal nachts hörte es auf, sich zu drehen."

– Eine pflegende Ehefrau –

Die Dame, die mir diese Worte in einem persönlichen Brief schrieb, pflegte über drei Jahre voller Liebe und Hingabe ihren demenzkranken Ehemann – so lange, bis sie ihn schließlich ins Seniorenheim geben musste, weil sie es alleine nicht mehr schaffte. Zu stark war die Belastung für sie geworden, zu wenig Erholungszeit stand der aufopferungsvoll Pflegenden zur Verfügung. Selbst nachts kam sie nicht zur Ruhe, denn ihr Mann schreckte oft neben ihr auf und hatte Panik vor einem Fliegeralarm, den er in seiner Kindheit hatte erleben müssen. Darüber hinaus kam es häufig vor, dass die Pflegende nachts mitunter mehrmals Windel, Bett und Kleidung des Kranken wechseln musste – an einen ruhigen, erholsamen Schlaf war da nicht zu denken. Tagsüber gab es ebenfalls keine Ruhe, sie musste einfach ständig „präsent" sein, weil ihr Mann mehrmals in der Stunde nach ihr verlangte und keinen anderen Menschen an sich heranließ. Eigentlich ist es selbsterklärend, dass dieses Pensum kein Mensch längerfristig leisten kann, ohne Schaden zu nehmen. Heute geht es der Frau wieder gut, doch der Weg dorthin war wahrlich ein steiniger.

Sicherlich mag dies ein Extrembeispiel sein, doch gar nicht so selten verlangt eine häusliche Pflege neben dem täglichen Versorgen regelmäßige nächtliche Kontrollgänge und/oder eine Umlagerung des alten Menschen (Zentrum ÜBERLEBEN, o. D.a). Gerade bei Menschen mit Demenz passiert es häufig, dass der Tag-Nacht-Rhythmus gestört ist. Die Betroffenen können nicht einschlafen, laufen umher, ja verlassen teilweise mitten in der Nacht sogar die Wohnung. Natürlich wirkt sich das auf das Befinden am nächsten Tag aus, ungünstigerweise so, dass die Demenzkranken oft vor Müdigkeit wegnicken und dadurch in der folgenden Nacht noch schlechter zur Ruhe kommen. Da ist es nicht schwer zu erraten, dass Sie als pflegende:r Angehörige:r gezwungenermaßen wahrscheinlich ebenso wach sein werden.

Darüber hinaus können Ihnen persönliche Sorgen und Ängste den notwendigen Schlaf rauben. Nicht selten kreisen die Gedanken vieler Pflegender darum, wie es in der Zukunft weitergehen soll. Falls das auch bei Ihnen zutrifft, sollten Sie wissen, dass ein gesunder Schlaf entscheidend für Ihre Erholung ist und dem Auftanken von Ressourcen dient, welche Sie als pflegende:r Angehörige:r für den Tag brauchen. Wer gut und ausreichend (je nach Veranlagung ca. sechs bis neun Stunden pro Nacht) schläft, fühlt sich fitter, stärkt seine Abwehr- bzw. Heilungskräfte und hält sich jung (von Münchhausen, 2006). Vor allem in der Tiefschlafphase erholt sich der Körper, da er weniger Energie benötigt und Atem bzw. Puls herunterfährt. Sogar das Gehirn arbeitet nicht mit der regulären Leistung, wohingegen Zellen sich erneuern und der Körper besser gegen Krankheiten gerüstet ist.

In der *Traumphase* ist es ein wenig anders, sie dient vor allem dazu, dass Schlafende psychisch und seelisch Entspannung finden. In dieser Zeit findet im Gehirn zum Beispiel die Verarbeitung von Tageseindrücken statt. Bekommen Sie diesen Schlaf nicht, kann es sein, dass Ihre Psyche Schaden nimmt und Ihr Körper schneller abbaut. Keine guten Aussichten für pflegende Angehörige, die oftmals in der Nacht belastet sind. Gerade deswegen ist es wichtig, dass Sie und die hilfsbedürftige Person eine bestmögliche Schlafkultur pflegen. Nach meiner Erfahrung ist dies auf zweierlei Arten möglich: zum einen dadurch, dass die zu pflegende Person besser schläft, und zum anderen, dass Sie selbst Vorkehrungen treffen, um Ihren eigenen Nachtschlaf zu fördern.

Widmen wir uns als Erstes ein paar Maßnahmen, die Sie für den *alten Menschen* treffen können. Hierzu möchte ich anmerken, dass diese sich oft auf Demenzerkrankte beziehen, jedoch für andere nachtaktive Personen genauso geeignet sind. Probieren Sie am besten aus, was Ihnen nützlich erscheint, nicht jeder Vorschlag passt für jede:n (Pflege durch Angehörige, o. D.). Um nachts besser schlafen zu können, macht es Sinn, die pflegebedürftige Person tagsüber (natürlich immer abgestimmt auf das jeweilige Krankheitsbild) so gut es geht zu beschäftigen. Dies kann zum Beispiel in Form von gemeinsamen Spaziergängen geschehen. Jedem Menschen tut es gut, an die frische Luft zu kommen und etwas anderes zu sehen als die eigenen vier Wände, selbst wenn das aufgrund einer körperlichen Einschränkung vielleicht ein wenig zeitaufwendiger ist als bei gesunden Personen. Demenzkranke beispielsweise sind beim Gehen sehr aktiv und gleichzeitig dem Tageslicht ausgesetzt. Dies ist vorteilhaft, denn wenn sie draußen sind und sie durch das Tageslicht die jeweilige Tageszeit gespiegelt bekommen, wirkt sich dies positiv auf einen geregelten Tag-Nacht-Rhythmus aus. Darüber hinaus kann eine sinnvolle Beschäftigung genauso gut in Form von Spielen (z. B. „Mensch ärgere dich nicht“, Puzzles, Aktivierungsspiele) oder der ganz normalen Hausarbeit erfolgen. Überlegen Sie am besten zusammen, was am Tag erledigt werden soll, und achten Sie darauf, dass es Aktivitäten sind, welche ohne Probleme zu bewältigen sind (Wäsche aufhängen, Abstauben, das Besteck polieren usw.) und keine komplizierten Denkvorgänge erfordern (Powell, 2009). Manche Angehörige erstellen sogar regelmäßig To-do-Listen, welche jeden Tag abgearbeitet werden. Der Vorteil einer solchen Liste ist, dass sie dem betagten Menschen Struktur gibt und darüber hinaus das Gefühl vermittelt, mit den eigenen Fähigkeiten noch gebraucht zu werden. Genauso stellt die Liste gute Ideen des Aktivwerdens bei Ruhelosigkeit zur Verfügung und erlaubt ein verdientes Ausruhen, wenn alle Arbeiten erledigt sind.

Im Hinblick auf die Interessen lohnt sich dabei immer der Blick in die Vergangenheit, womit wir wieder bei der Erinnerungsarbeit sind. Bitte beachten Sie, dass die Vergangenheit eines jeden Menschen eine Schatzkiste mit verborgenen Perlen darstellt, welche von Ihnen geborgen werden möchten. Eine ehemalige Klientin beispielsweise war in ihrem Berufsleben äußerst gerne Fahrkahrtenkontrolleurin. Also fuhren wir tagsüber regelmäßig mit Bus oder Bahn zu verschiedenen Stationen. Dies war körperlich zwar fordernd, verschaffte der alten Dame aber immer wieder beglückende Momente und verbesserte ihren problematischen Nachtschlaf. Ein paar hilfreiche Fragen, um passende Aktivitäten zu finden:

- Welche Hobbys hatte Ihr:e Angehörige:r?
- Wurde mit Freude gelesen, gekocht, sich handwerklich oder kreativ betätigt?
- Liebte die Person Volkslieder oder Kreuzworträtsel?
- Hat sie gerne Vögel beobachtet?
- Liebte sie es, in der Lektüre von Büchern zu versinken?

…

Fördern Sie genau das, was der alte Mensch früher gemocht hat, in abgewandelter Form bzw. flexibel auf das Tagesbefinden und die verbliebenen Fähigkeiten abgestimmt. Und selbst wenn einmal etwas schiefgeht, werfen Sie die Flinte nicht gleich ins Korn. Das gehört dazu und ist völlig normal. Lassen Sie sich von eventuellen Rückschlägen nicht entmutigen und akzeptieren Sie, wenn der alte Mensch einmal Nein sagt. An einem anderen Tag kann das schon wieder ganz anders sein. Sicherlich wissen Sie aus eigener Erfahrung, dass jeder einmal schlecht drauf ist und keine Lust hat, das hat nichts mit Ihnen oder Ihren Vorschlägen zu tun. Alles kann, nichts muss – das sollte die Devise sein, um Frust auf beiden Seiten zu vermeiden.

Biografischer Blick

Indem Sie durch verschiedene Fragen (z. B. *„Womit hast du dich als Kind gerne beschäftigt?“*, *„Hattest du einen Lieblingsgegenstand?“*, *„Was würdest du in einen Koffer tun, in den alle Dinge hineinkom-*

***men sollen, die dir wichtig sind?*"**) oder symbolische Gegenstände (alte Ansichts- oder Eintrittskarten, Kochgegenstände, Pfeifen, Hüte, Heiligenbilder usw.) die Vergangenheit beleben, aktivieren Sie sogenannte „Erinnerungszentren" der alten Menschen. Mit dieser wertschätzenden Erinnerungsarbeit vermitteln Sie Ihrem Gegenüber ein Wohlgefühl, aufrichtiges Interesse an der Person bzw. ihrer Geschichte und regen deren Körper, Geist und Seele an. Der betagte Mensch fühlt sich verstanden, geliebt und angenommen – was wiederum Ihrer beider Beziehung stärkt und die Pflege erleichtert (Specht-Tomann, 2012).**

Was darüber hinaus den Nachtschlaf fördert, ist eine *geregelte Tagesstruktur*, das heißt, Sie nehmen die Mahlzeiten am besten immer zur gleichen Zeit ein oder bereiten, sofern möglich, gemeinsam mit der pflegebedürftigen Person das Mittagessen vor (Pflege durch Angehörige, o. D.). Vor dem Zubettgehen (passende Schlafenszeit ausloten) sollten aufregende Aktivitäten vermieden werden. Stattdessen können beruhigende Gespräche oder angenehme Musik für eine entspannte Stimmung sorgen. Gehen Sie mit dem alten Menschen nicht zu früh ins Bett, sonst kann es passieren, dass dieser schon nach einigen Stunden wieder erwacht und fit wie ein Turnschuh ist.

Beim *Verabreichen von schlaffördernden Getränken und Medikamenten* sollten Sie ebenfalls vorsichtig sein. Medikamente sind ein zweiseitiges Schwert: Sie können den Schlaf einerseits ganz wunderbar fördern, auf der anderen Seite aber durch ihre Nebenwirkungen auch behindern. Besprechen Sie am besten mit Ihrer Hausärztin bzw. Ihrem Hausarzt die bestmögliche Option für Ihre:n Angehörige:n. Getränke wie zum Beispiel eine heiße Milch mit Honig sollten eher nicht vor dem Schlafengehen verabreicht werden, außer natürlich, sie tragen zur Beruhigung bei oder sind ein liebgewonnenes Ritual. Die Schwierigkeit dabei: Wird zu viel Flüssigkeit vor dem Schlafengehen eingenommen, führt das zu nächtlichen Toilettengängen, die wahrscheinlich vermeidbar gewesen wären. Dann lieber vormittags bis zum frühen Abend trinken und am Abend nur wenig.

Etwas, das ferner von vielen pflegenden Angehörigen unterschätzt wird, ist der koffeinhaltige Nachmittagskaffee oder -tee. Das Getränk regt den Kreislauf an und stört bei vielen Menschen empfindlich den Nachtschlaf, selbst wenn die Betroffenen erst um 22 Uhr ins Bett gehen sollten. Achten Sie deshalb bitte darauf, nach 15 Uhr *keine koffeinhaltigen Getränke* mehr zu sich zu nehmen, das könnte das Ein- und Durchschlafen erleichtern.

Was gutem Nachtschlaf unabhängig davon immer dienlich ist, ist ein angenehmes Maß an *Wärme*, dies gilt für kranke und genauso für gesunde Menschen. Probieren Sie es zum Beispiel mit Bettsocken, die Sie der:dem zu Pflegenden vor dem Schlafen anziehen. Oder Sie legen ins Bett einfach eine kuschelige Wärmflasche dazu. Das beruhigt und entspannt. Darüber hinaus kenne ich nicht wenige Angehörige, die auf ein abendliches Entspannungsbad für die zu pflegende Person schwören. Auch können Trittmatten (sie schellen, sobald sich jemand daraufstellt) oder ein Bettkantenalarm (übermittelt ein Signal beim Aufsetzen des alten Menschen) hilfreich sein. So haben sturzgefährdete Senior:innen eine größere Sicherheit, wenn sie nachts aufstehen sollten, und Sie schlafen vielleicht ruhiger.

Egal, um welche Schlafprobleme es sich bei der pflegebedürftigen Person handelt: Wichtig ist stets, die *Ursache* derselben herauszufinden (Lenz, 2022). Bei einem pflegebedürftigen Klienten zum Beispiel war es so, dass er tagsüber meistens im Bett lag und Fernsehen guckte bzw. vor sich hindöste. Lediglich zu den Essenszeiten nahm er die Speisen sitzend im Rollstuhl ein. In der Nacht hingegen wachte er drei- bis viermal auf und riss die pflegende Ehefrau aus dem Schlaf. Die Gründe hierfür waren unterschiedlich: Manchmal waren es Schmerzen, dann wieder Harndrang, das nächste Mal dachte er, es wäre schon morgens und er müsse aus den Federn usw. Wer sich in die Rolle der Ehefrau versetzt, die über Wochen und Monate jedes Mal wieder aufstehen und ihm behilflich sein musste, kann sich vorstellen, dass so eine „Rund-um-die-Uhr-Betreuung“ dauerhaft nicht möglich ist. Also probierte es die Familie mit unterschiedlichen Maßnahmen. Zunächst nahmen sie saugfähigere Windeln (insgesamt drei verschiedene Versionen) als die bislang verwendeten. Leider war es dann so, dass der alte Mann und das Bett trotzdem jeden Morgen wieder eingenässt waren, weil die Inkontinenz immer ausgeprägter wurde. Der Hausarzt dachte an eine Blasenentzündung und verschrieb Antibiotika, diese brachten jedoch ebenfalls keine Besserung. Schließlich wurde von einem Urologen ein Blasenkatheter gelegt, was alle Beteiligten erleichterte. Außerdem achtete die Familie darauf, den alten Mann tagsüber intensiver zu beschäftigen, indem sie mit ihm im Rollstuhl sitzend seine Briefmarkensammlung betrachteten und neue Marken einklebten. Bezüglich der Schmerzen wurde ein stärkeres Schmerzmittel sowie Ergotherapie verschrieben, darüber hinaus ein schlafanstoßendes Bedarfsmedikament für besonders unruhige Nächte.

Leider geht es in besonders schwierigen Fällen manchmal nicht ohne dämpfende Medikation, wie ich feststellen musste. Genauso ist ein Blasenkatheter – bei dem im täglichen Umgang aber ganz intensiv auf Hygiene geachtet werden muss, um Entzündungen zu vermeiden – manchmal sinnvoll. Trotzdem sollte man es vorher immer erst mit natürlichen Mitteln wie zum Beispiel alternativen Hygieneprodukten, Baldriantropfen oder Beschäftigung versuchen. Das hilft beiden Seiten – dem alten Menschen und Ihnen als pflegende:r Angehörige:r. Was uns schon zu einem ebenfalls sehr wichtigen Thema bringt: *Ihrem eigenen Nachtschlaf.*

Wenn Sie Probleme beim Einschlafen haben, sind Sie in guter Gesellschaft, denn viele Pflegende kämpfen damit. Oft genug kreist das Gedankenkarussell um Dinge, die am nächsten Tag anstehen, und mögliche Sorgen um die eigene Existenz. Ein Abschalten ist manchmal nur schwer möglich, sodass es eine Herausforderung sein kann, zur Ruhe zu kommen. Um dies zu begünstigen, können Sie versuchen, vor dem Einschlafen ein *Buch*, eine *Zeitschrift* oder ein *Hörbuch* zu genießen (Bräuer, 2019). All diese Dinge sind gut geeignet, um die Gedanken in eine andere Richtung zu lenken. Schlafcoach Christine Lenz empfiehlt pflegenden Angehörigen, immer *zur selben Zeit zu Bett zu gehen* und sich vor dem Schlafen *aufzuschreiben, was man tagsüber gemacht hat*. Ein Beispiel: „*Heute habe ich Hilfsmittel bestellt und mit der*

Pflegekasse telefoniert" – wichtig dabei: Schreiben Sie das Ganze bitte ohne Bewertung in neutraler Form auf. Am Ende notieren Sie noch etwas, das an diesem Tag gut gelaufen ist, wie zum Beispiel: *„Heute haben Peter und ich beim Frühstück gemeinsam über einen Witz gelacht."*

Vielen Pflegenden hilft es ferner, beim Einschlafen die eigenen *Sinne zu stärken*, zum Beispiel mit einem Kräuterkissen (Hopfen, Melisse, Baldrian), dessen Geruch sie als angenehm empfinden. Wenn Sie diese Gerüche nicht mögen, erinnern Sie sich vielleicht daran, welche Gerüche Sie ganz persönlich als wohltuend empfinden. Ist es der Duft von Vanille oder Zimt? Bevorzugen Sie eher fruchtige Noten? Welcher Geruch weckt schöne Erinnerungen oder entführt Sie in einen unvergesslichen Moment der Vergangenheit? Setzen Sie diese kleinen Erinnerungsmarker gezielt ein, um gut in den Schlaf zu kommen – Sie werden sehen, es wirkt Wunder.

Werden Sie in der Nacht geweckt, so achten Sie bitte darauf, *so wenig Licht wie möglich* zu machen, weil Sie und die zu pflegende Person dadurch erst recht wach werden können. Ein LED-Nachtlicht, das sich bei Bewegung einschaltet, oder ein Steckdosenlicht könnte hier eine gute Lösung sein.

Nicht zuletzt sollte das Thema körperliche Entspannung einen wichtigen Stellenwert für Sie einnehmen. Sicherlich haben Sie im Laufe Ihres Lebens schon erfahren, dass Körper und Seele unmittelbar miteinander verbunden sind. Wenn es unserem Körper gut geht, geht es unserer Psyche meist ebenso gut – und umgekehrt. Ursache hierfür ist das Hormon Serotonin, welches bei Entspannung produziert wird und uns in angenehmen Gefühlen schwelgen lässt (von Münchhausen, 2006). Einige Pflegende, die ich kenne, wenden regelmäßig Entspannungstechniken (z. B. Autogenes Training, Progressive Muskelentspannung, Meditation, Hörübungen, Atementspannungen, Fantasiereisen) an, um dieses Wohlgefühl zu erreichen. Diesbezügliche Angebote bzw. Anbieter:innen gibt es glücklicherweise viele auf dem Markt und nicht wenige der angebotenen Gesundheitskurse werden kostenlos ins Netz gestellt bzw. von den Kranken- bzw. Pflegekassen auf Anfrage ganz oder teilweise übernommen.

Vielleicht probieren Sie bei Gelegenheit einmal die sogenannte „Körperreise“ (auf Englisch „Body-Scan“) aus. Diese Achtsamkeitsübung ermöglicht einen ganz unkomplizierten Einstieg in das Gebiet der körperlichen Entspannung. Beim Body-Scan richten Sie Ihre Aufmerksamkeit auf Ihren Körper und reisen durch verschiedene Bereiche desselben (Braun, 2018). Die Übung ist in längeren und kürzeren Einheiten durchführbar und bietet viel Raum für die Erfüllung Ihrer persönlichen Wünsche und Bedürfnisse. Der Body-Scan ermöglicht eine ganzheitliche Wahrnehmung der eigenen Empfindungen und schafft darüber hinaus ein achtsames Bewusstsein für die Gegenwart. Beste Voraussetzungen also, um nach einem stressigen Pflegetag wieder herunterzukommen. Natürlich ist das nicht immer ganz so einfach, denn störende Gedanken werden wahrscheinlich trotzdem präsent sein und Sie hin und wieder ablenken. Ziel des Ganzen ist es aber eben *nicht*, diese Gedanken *wegzudrängen*, sondern sich ihrer, der eigenen Gefühle sowie Körperempfindungen *bewusst* zu werden, ohne sie zu bewerten. Das schärft die Konzentration und führt zu einem Gefühl größerer Entspannung. Die Übung können Sie sehr gut als Einschlafhilfe benutzen, denn dann ist das Grübeln ja oftmals besonders ausgeprägt. Eine ausführliche Anleitung hierzu finden Sie im Internet auf www.pflegen-und-leben.de unter dem Stichwort „Hören und Entspannen“, genauso wie weitere kostenlos herunterladbare Entspannungsübungen, welche für Sie hilfreich sein können.

Liebe/r Leser:in, machen wir uns nichts vor: Die beste Schlafhygiene nützt natürlich nichts, wenn die Krankheit oder Behinderung der zu pflegenden Person es schlicht und ergreifend notwendig macht, dass Sie regelmäßig nachts aufstehen. Versuchen Sie in diesem Fall, zumindest ein oder zwei Nächte pro Woche eine Möglichkeit zu schaffen, ohne Störung durchschlafen zu können. Vielleicht gibt es ja eine Person im Familien- und/oder Bekanntenkreis, die sich in diesen Nächten um Ihre:n Angehörige:n kümmert? So könnten Sie sich während dieser Zeit in ein separates Zimmer zurückziehen oder gleich außerhalb des eigenen Wohnraums die Nacht verbringen. Oder Sie lagern die Nachtpflege zeitweise auf bezahltes Fachpersonal aus.

Leider ist dieses Glück, eine:n eigene:n Angestellte:n finanzieren zu können, nur den wenigsten Pflegenden vergönnt. Als unsere Familie damals bei einem Pflegedienst bezüglich einer Nachtpflege anfragte, teilte man uns mit, dass diese bis zu 300 Euro pro Nacht kosten würde – völlig utopisch zu finanzieren für uns (und wahrscheinlich die meisten Angehörigen).

Da wäre es eine bessere Option, den alten Menschen in eine *Nachtpflegeeinrichtung* – sofern in der Nähe Ihres Wohnorts vorhanden, leider sind sie rar gesäht – zu geben. Der Vorteil daran ist, dass die Pflegekasse zumindest zu einem gewissen Teil die Finanzierung übernimmt. Gibt es diese Option nicht, kenne ich sogar Pflegende, welche die nachtaktive Person in ein Seniorenheim geben und tageweise wieder nach Hause holen, nur um wieder geregelt schlafen zu können – unbestritten ebenfalls ein kostspieliges Unterfangen. Alternativ könnten Sie noch die Möglichkeit einer *Tagespflege* in Anspruch nehmen, damit Sie als Angehörige:r zumindest zeitweise wieder zur Ruhe kommen. Zu allen Unterbringungsoptionen (Näheres hierzu in Kapitel 4 „Finanzierung der Pflege, Betreuungsmöglichkeiten und Hilfen für pflegende Angehörige") wird Ihnen Ihre Pflegekasse sicherlich gerne beratend zur Seite stehen.

In diesem Abschnitt haben Sie viel über eine gesunde Schlafhygiene erfahren, doch regelmäßige Bewegung wirkt sich ebenfalls sehr positiv auf unseren Körper und das Wohlbefinden aus. Im Folgenden erfahren Sie, wie das gelingen kann.

Sich körperlich betätigen

„Wir saßen uns gegenüber, meine Mutter und ich. Auf meine Ansprache hin reagierte sie überhaupt nicht, sondern starrte nur in die Luft. Doch als ich den Ball in die Hand nahm und ihn ihr zuwarf, kam plötzlich Leben in sie und sie fing ihn mit einer Sicherheit auf, die nur einer ehemaligen Handballerin zu eigen war."

– Eine pflegende Angehörige –

Bei der soeben beschriebenen Szene hatte ich die große Ehre, anwesend sein zu dürfen. Damals war ich überwältigt und erstaunt, dass so etwas überhaupt möglich war. Die Zeit außerhalb dieser Begegnungen verlief vonseiten der Pflegebedürftigen nämlich mehr oder weniger teilnahmslos. Doch wenn ihre Tochter und sie Ball spielten, reagierte die Frau stets so, wie sie es lange Jahre als Handballerin getan hatte. Das rührte alle Beteiligten zu Tränen: Ein kostbarerer Moment der Nähe war entstanden. Dieses herzerwärmende Beispiel zeigt sehr deutlich, dass es manchmal „nur" notwendig ist, den richtigen „Kanal" eines Menschen zu finden, um ihm (und sich selbst) ein Mehr an Bewegung im Pflegealltag zu verschaffen.

Viele in der Vergangenheit ausgeführte Bewegungen sind in unserem Körpergedächtnis gespeichert und können mit den richtigen Impulsen wieder angeregt werden. Gerade für pflegende Angehörige und die Menschen, welche ihrer Hilfe bedürfen, ist das ein wichtiger Punkt, weil es neben der wohltuenden Aktivität, die den körperlichen Abbauprozess verlangsamt, nicht selten die Spannung aus (manchmal angespannten) Beziehungen nimmt. Ein natürlicher Bewegungsdrang ist uns Menschen gewissermaßen angeboren. Dies können Sie schon an Kindern beobachten, die nur selten still sitzen (von Münchhausen, 2006). Erwachsenen ist diese Fähigkeit leider oft verloren gegangen, nicht einmal ein Drittel übt mindestens einmal wöchentlich eine Sportart aus. Dabei hält regelmäßige Bewegung gesund und sorgt dafür, dass wir glücklicher sind – was wiederum nicht nur für den Körper, sondern genauso für unsere Seele Balsam ist. Besonders gleichmäßige Bewegungsabläufe wirken sich positiv auf unser Gemüt aus, wir atmen ausgewogen und fühlen uns entspannter. Darüber hinaus entdecken wir unser Körpergefühl neu, das heißt, wir nehmen uns auf ganzer Ebene und intensiver wahr. Die große Frage für Sie als pflegende:r Angehörige:r ist nun: *Wie können Sie gut für sich sorgen und trotz eingeschränkter zeitlicher Möglichkeiten sportliche Aktivitäten planen?*

Hierzu gibt es zwei Möglichkeiten, entweder ohne den Menschen, um den Sie sich gerade kümmern, oder *mit* ihm. Beides hat Vor- und Nachteile. Haben Sie die Möglichkeit, die *Betreuung auszulagern* oder die *pflegebedürftige Person eine Zeit lang allein zu lassen*, können Sie etwas freier agieren, was die Bewegungseinheiten angeht. In diesem Fall empfiehlt es sich, wie bereits erwähnt, eine Sportart auszuwählen, die für gleichmäßige Bewegung sorgt, zum Beispiel Walken, Joggen, Radfahren oder Schwimmen. Entscheidend dabei ist aber, dass Ihnen der Sport unbedingt Freude machen sollte und Sie sich nicht dazu überwinden müssen, denn sonst werden Sie das Hobby wahrscheinlich nicht lange ausüben. Niemand möchte sich schließlich immer wieder zu einer sportlichen Aktivität zwingen müssen, zumal man sich diese wertvolle Auszeit als pflegende:r Angehörige:r ja erst einmal freischaufeln muss.

Vielleicht halten Sie sich bei Ihren Aktivitäten sogar an der frischen Luft auf oder suchen ein grünes Fleckchen, das Ihre Seele belebt? Die Effekte sind nicht zu unterschätzen, denn die Natur schafft es durch ihre positiven Kräfte (z. B. durch Farben, Gerüche, Licht) immer wieder, uns psychisches und physisches Wohlbefinden zu vermitteln. Einige Studien zeigen, dass Krankenhauspatient:innen, welche aus ihrem Zimmer ins Grüne blicken, schneller genesen als andere, die auf eine Betonwand starren. Ermutigend, finden Sie nicht? Um wirklich bei sich anzukommen, sollten Sie außerdem darauf achten, den Sport, wenn möglich, alleine auszuüben. Bewegen Sie sich für sich und sind nicht durch eine andere Person abgelenkt, nehmen Sie nämlich sich selbst und alles um Sie herum viel intensiver wahr, außerdem können Sie Ihre Kraftreserven besser auftanken. Mit anderen Menschen hingegen neigt man schnell dazu, sich auf diese zu konzentrieren und nicht mehr auf die eigene Person. Probieren Sie es einfach aus und vergleichen Sie, der Effekt könnte Sie überraschen.

Wenn Sie für Ihre sportliche Aktivität das Haus nicht verlassen können, bietet es sich an, die Gymnastik zu Hause durchzuführen, zum Beispiel mit einem Stepper, Laufband oder mithilfe verschiedener Dehnübungen. Im Internet oder Buchhandel gibt es eine Vielzahl von Büchern oder Videos, die Anleitung geben und einfach durchführbar sind. Wählen Sie je nach persönlicher Vorliebe und Konstitution aus, was Sie anspricht. Darüber hinaus kenne ich mitunter pflegende Angehörige, die in ihrem eigenen Garten regelmäßig auf und ab gehen und sich bei der Gartenarbeit mehr als nötig fordern, nur um mal „raus" zu kommen und trotzdem für die pflegebedürftige Person verfügbar zu sein.

Unbestritten hat es natürlich ebenso Vorteile, wenn Sie nicht alleine, sondern zusammen mit dem alten Menschen aktiv werden wollen. *Gemeinsame Bewegungseinheiten* sorgen für Abwechslung und stärken die emotionale Verbundenheit, darüber hinaus erhellen sie das Gemüt. Eines ist dabei jedoch besonders im Hinblick auf Senior:innen entscheidend:

Die Aktivitäten sollten gut auf die verbliebenen Fähigkeiten der pflegebedürftigen Person abgestimmt sein.

Gerade Demenzerkrankte haben im Alltag oft das Problem, dass sie zu wenig Bewegung bekommen (Radenbach, 2009). Sie können sich nicht mehr so schnell und koordiniert bewegen, weshalb viele Pflegepersonen Tätigkeiten (Waschen, Pullover anziehen usw.), bei denen die betagten Menschen eigentlich noch gut mithelfen könnten, gleich ganz übernehmen. Dabei heiligt der Zweck oft die Mittel, denn es geht schlicht und ergreifend schneller. Kurzfristig mag das vielleicht stimmen, doch langfristig ist das für beide Seiten kontraproduktiv, weil der alte Mensch immer immobiler wird und die Pflege damit aufwendiger.

Liebe:r Leser:in, an dieser Stelle wiederhole ich es noch einmal, weil es so wichtig ist: *Lassen Sie den alten Menschen das, was er noch tun kann, bitte selbst tun – auch wenn es mehr Zeitaufwand erfordert und wahrscheinlich Ihre Geduld strapaziert.* Dieses simple Selbst-Tun wirkt dem natürlichen Kraftabbau im Alter entgegen, sorgt für mehr Beweglichkeit und ist die beste Prävention gegen Stürze. Sogar das Gehirn wird intensiver durchblutet, was wiederum die Auswirkungen einer möglichen Demenz verlangsamt.

Falls Sie jetzt unsicher sind, was der alte Mensch in Ihrem Umfeld noch leisten kann, schadet es nicht, einmal Ihre Hausärztin bzw. Ihren Hausarzt danach zu fragen. Vielleicht erhalten Sie sogar konkrete Vorschläge für Aktivitäten, an die Sie sich gemeinsam heranwagen können? Hierzu fällt mir ein gutes Beispiel ein: Eine ältere Dame und ihre Tochter bekamen sich im Alltag ständig wegen Kleinigkeiten in die Haare. Leider gingen diese Reibereien mit der Zeit allen Parteien an die Nieren und die Tränen flossen zuhauf. Irgendwann beschlossen Mutter und Tochter, die schon fast vergessenen Hallenbadbesuche der Mutter wieder einmal wöchentlich aufzunehmen, da der Hausarzt, welcher die Familie recht gut kannte, dies bei einem Hausbesuch vorgeschlagen hatte. Eine Woche später war es so weit und die beiden Damen besuchten das örtliche Schwimmbad. Was mich als zusätzliche Betreuungsperson überraschte, war, dass die negative Stimmung an diesem Tag komplett in den Hintergrund rückte und sowohl Mutter als auch Tochter die gemeinsamen Stunden im Schwimmbad genossen. Der Effekt folgte unmittelbar: Die Streitereien wurden weniger und Harmonie kehrte ein, zumindest an vielen Tagen. So schien das regelmäßige Schwimmen offenbar ein Ritual darzustellen, welches eine Brücke zwischen den Frauen schlug, sie innehalten ließ und familiäre Bindungen stärkte. Darüber hinaus tat es den beiden natürlich gut, körperlich aktiv zu sein und gleichzeitig ein mit Freude verknüpftes Hobby aus der Vergangenheit auszuüben.

Aus eigener Erfahrung kann ich ebenfalls über positive Effekte gemeinsamer körperlicher Betätigung berichten. So versuchen mein Vater und ich meine im Rollstuhl sitzende Mutter so gut es geht in alle Aktivitäten einzubinden. Wir schieben sie zum Beispiel regelmäßig auf einem Teerweg durch die Gegend, alleine das ist für uns schon eine anstrengende (jedoch gesunde) sportliche Betätigung, denn der Rollstuhl ist nicht elektrisch. Meine Mutter profitiert davon in gleichem Maße, weil sie etwas anderes sieht als die eigenen vier Wände und nicht zuletzt dadurch ein wenig von ihrer Behinderung abgelenkt ist. Wenn wir nicht spazieren gehen, fahren wir öfters mit ihr in den nahe gelegenen Tierpark (sie liebt die niedlich aussehenden Erdmännchen und erfreut sich jedes Mal wieder daran), kaufen gemeinsam ein oder sind erfinderisch, was frühere Hobbys meiner Mutter angeht. Zum Beispiel saßen sie und ich vor Kurzem am nachmittäglichen Kaffeetisch, als plötzlich im Radio ein Schlager erklang, zu dem meine Mutter früher immer gerne getanzt hatte. Wehmütig lächelte sie und trauerte um vergangene Zeiten, in denen sie sich noch unbeschwert bewegen konnte. Auch ich erinnerte mich sehr lebhaft daran, dass meine Eltern sehr lange jeden Freitagabend das Tanzbein in einem stadtbekannten Musikcafé geschwungen hatten. Aus einer spontanen Laune heraus stand ich auf, schwenkte Mutters Rollstuhl zu mir herum und „tanzte" mit ihr im Wohnzimmer. Ich drehte und kurbelte, bis sie zu lachen anfing und die schwere Stimmung verflogen war. Das war ein bereichernder Moment für uns beide, weil er zeigte, dass durch die Behinderung noch nicht alles verloren war, wenngleich vielleicht ein bisschen anders als früher. Seit diesem Tag lauschen wir beide der Musik aus dem Tanzcafé regelmäßig und praktizieren dazu unseren ganz speziellen „Rollstuhltanz".

Biografischer Blick

Bei der lebensgeschichtlichen Arbeit mit Senior:innen gibt es unterschiedliche Orientierungen bzw. Ausführungsarten. Findet Biografiearbeit gesprächsorientiert statt, versteht man darunter das Gespräch mit einer oder mehreren Personen zu einem festgelegten Thema (z. B. der erste Schultag). Orientiert sich die Biografiearbeit eher an Aktivitäten, spricht man von aktivitätsorienterter Biografiearbeit. Hier wird die persönliche Vergangenheit in die Aktivität integriert. Dies kann zum Beispiel in Form eines Ausflugs an einen Kindheitsort usw. geschehen. Indem sich der alte Mensch in der vertrauten Umgebung bewegt und sie betrachtet, hört, riecht usw., werden die Reize aus der Umwelt wahrgenommen und die Sinne angeregt (Radenbach, 2009).

Es gibt noch weitere tolle Möglichkeiten, sich gemeinsam zu betätigen. Diese müssen gar nicht aufwendig geplant oder vorbereitet werden. So können Sie mit dem alten Menschen im Sitzen zu alten Volksliedern tanzen (sog. „Sitztanz" – besonders für Rollstuhlfahrer:innen bzw. Senior:innen mit Rollatoren eine gute Bewegungsmöglichkeit) oder mit Gymnastikgeräten (z. B. Tüchern, Bällen) und Alltagsgegenständen (alte Zeitungen zusammenknüllen und werfen usw.) die Mobilität fördern.

Als ich vor einigen Jahren im Seniorenheim tätig war, haben wir uns bei Gruppenaktivitäten oft Luftballons zugeschmissen – dies machte den Beteiligten immer viel Freude. Das Vorteilhafte daran: Der Luftballon brauchte länger, bis er zu Boden schwebte, was den verlangsamten Reaktionen der Senior:innen zugute kam. Nichts spricht dagegen, wenn Sie dies ebenfalls in der häuslichen Umgebung und nur zu zweit praktizieren.

Wenn Sie hingegen biografisch mit der pflegebedürftigen Person arbeiten möchten, bietet sich eine sogenannte *Bewegungsgeschichte* (bzw. ein *Bewegungsgedicht*) an. Diese thematisch an die jeweilige Vergangenheit des pflegebedürftigen Menschen angepassten Kurzgeschichten oder Gedichte beinhalten verschiedene Bewegungen, die an bestimmten Stellen der Erzählung von den zuhörenden Senior:innen ausgeführt werden (Schneider, 2020). Hierfür sind wieder Alltagsgegenstände wie zum Beispiel Wolle, Kochlöffel oder Servietten oftmals gut geeignet und wecken darüber hinaus noch zahlreiche Erinnerungen an die Vergangenheit. Wenn Ihr:e Angehörige:r früher gerne gestrickt hat, wäre zum Beispiel eine Geschichte, in der der Begriff „Wolle" vorkommt, eine tolle Sache. Immer wenn das Wort „Wolle" oder „Woll-" in der Geschichte vorkommt, darf das in der Hand gehaltene Wollknäuel in die Luft gestreckt werden – das stärkt die Konzentrationsfähigkeit und auch die Motorik. Die Bewegungsgeschichte „Eine tolle Wolle" (Mallek, 2018) und weitere Beschäftigungsmöglichkeiten für Senior:innen finden Sie kostenlos auf www.mal-alt-werden.de und im Buchhandel unter dem Stichwort „Seniorengymnastik" bzw. „Bewegungsgeschichten für Senioren".

Ein persönlicher Rat von mir zum Schluss: Bitte achten Sie bei allen Übungen darauf, die pflegebedürftige Person nicht zu überlasten und ihr regelmäßig etwas zum Trinken anzubieten. Sie als Pflegende:r wissen wahrscheinlich am besten, wann der richtige Moment zum Aufhören gekommen ist, und können das Befinden des alten Menschen gut einschätzen. Doch Ihr eigenes Befinden ist nicht weniger wichtig. Und da Pflege oft mit körperlichem Einsatz verbunden ist, gilt es neben regelmäßiger körperlicher Betätigung so gut es geht rückenschonend zu arbeiten. Wie das gelingen kann, erfahren Sie im nächsten Abschnitt.

Auf Rückengesundheit und Ausgleich achten

„Das Schlimmste wäre ein Bandscheibenvorfall. Ich habe das Gefühl, ich stehe kurz davor. Aber wer soll dann meine Mutter versorgen?“

– Eine pflegende Angehörige –

Statistiken sprechen eine deutliche Sprache: 70 % der pflegenden Angehörigen sind durch das Pflegen stark belastet, fast die Hälfte fühlt sich körperlich überfordert und klagt über gesundheitliche Einschränkungen (Bohnet-Joschko & Bidenko, 2019). Leider äußern sich die mit der Pflege verbundenen körperlichen und seelischen Belastungen nicht selten in Form von Rückenschmerzen, die das Wohlbefinden der Betroffenen enorm beeinträchtigen können. Wie stellt sich die Situation bei Ihnen dar? Müssen Sie beim Versorgen der pflegebedürftigen Person viel Heben oder haben emotionalen Stress? Fühlen Sie sich angespannt oder leiden an einem steifen Nacken? Kein Wunder, denn neben dem ganzen Versorgen, Organisieren, Zusprechen und Für-das-Gegenüber-da-Sein tun sich pflegende Angehörige oft schwer, sich zu entspannen. Die Unfallkasse Nordrhein-Westfalen schreibt in ihrer Broschüre „Prävention von Erkrankungen. Informationen für pflegende Angehörige“ (o. J., S. 2):

> „Oftmals ist Pflege Schwerstarbeit. Neben der körperlichen Belastung spielt auch die Psyche eine große Rolle. Hohe psychische Belastungen reduzieren das Wohlbefinden und schränken die Lebensqualität ein. Gerade die Langzeitpflege bedeutet in der Regel eine enorme psychische Herausforderung. Sie ist durch ein hohes

> Maß an Veränderungen, teils heftigen Emotionen und den täglichen Umgang mit dem Unvorhersehbaren gekennzeichnet."

Eines dieser unvorhersehbaren Dinge könnte eine plötzliche Erkrankung von Ihnen als Pflegeperson sein, denken Sie nur einmal an das tägliche Heben und Umlagern des Menschen, den Sie jeden Tag von früh bis spät betreuen. Im Eifer des Gefechts ist so etwas leider schnell passiert: Ruckartig hebt man die betagte Person aus ihrem Bett, will sich wieder aufrichten und bemerkt plötzlich einen ziehenden Schmerz im Rücken, der alles andere als angenehm ist. Ein Bandscheibenvorfall ist eingetreten – wahrscheinlich der absolute „worst case" für jede:n Pflegende:n. Damit Ihnen dies nicht passiert, sollten Sie im Umgang mit der pflegebedürftigen Person ganz besonders auf rückenschonendes Verhalten achten (Zentrum für Qualität in der Pflege, 2020a). Dies können Sie tun, indem Sie zum Beispiel beim Heben eine passende Haltung einnehmen und sich von der Ärztin bzw. dem Arzt verschriebene Hilfsmittel (z. B. Pflegebetten, fahrbare Duschstühle, Gleithilfen, Antirutschmatten, Aufrichthilfen für das Bett) zunutze machen.

Gerade ein Pflegebett ist ein wertvoller Helfer, weil es je nach Bedarf in der Höhe verstellt und optimal auf pflegerische Tätigkeiten angepasst werden kann. Rückenschonendes Heben bedeutet, nicht aus dem Rücken heraus zu heben, sondern sich die Kraft von Armen und Beinen zunutze zu machen. Das schaffen Sie, indem Sie in die Hocke gehen und stets versuchen, den Rücken gerade und das Gewicht nahe am Körper zu halten. Versuchen Sie dabei wenn möglich zu vermeiden, den Oberkörper zu drehen oder sich ruckartig zu bewegen. Das mag am Anfang vielleicht ungewohnt sein, mit der täglichen Übung wird es Ihnen aber in Fleisch und Blut übergehen. Sollten Sie sich diesbezüglich unsicher fühlen, sind Sie damit nicht alleine. Gerade zu Beginn einer pflegerischen Tätigkeit fühlen sich viele Angehörige überfordert, weil sie gar nicht wissen, wie sie einen hilfsbedürftigen Menschen anfassen sollen. Zu oft ist die Angst da, etwas „kaputt" zu machen oder die Person womöglich zu schädigen. Die Pflegekassen haben dies erkannt und bieten hierzu passende Hilfen an, meist in Form von kostenlosen Pflegekursen oder Pflegefachpersonen, die Ihnen im eigenen Wohnraum rückenschonende Griffe und Umsetzungsmethoden zeigen.

Schauen Sie darüber hinaus bei der Versorgung der betagten Person darauf, dass Sie aufrecht stehen und Schuhe mit festem Halt tragen, so haben Sie einen besseren Stand und können weniger leicht rutschen. Wenn möglich, darf die pflegebedürftige Person Sie bei Umlagerungen auch so gut es geht unterstützen. Ist eine weitere Person in der Nähe, scheuen Sie sich bitte nicht, diese ebenfalls um Hilfe beim Transfer zu bitten, denn zu zweit geht vieles leichter.

Wenn Sie aktiv für Ihre Rückengesundheit sorgen möchten, finden Sie darüber hinaus eine Vielzahl von kostenlosen Angeboten im Internet. Die Unfallkasse Nordrhein-Westfalen beispielsweise bietet auf ihrem Portal „Zuhause pflegen" unter dem Stichwort „Ausgleichsübungen" ein tolles Fundament an kostenlos angeleiteten Übungseinheiten an, die selbst für untrainierte Personen sehr gut machbar sind. Es finden sich dort tolle Bewegungsempfehlungen für jeden Tag, um Kopf- und Atemwege frei zu bekommen sowie zur Linderung von Rückenschmerzen (Näheres unter: zuhause-pflegen.unfallkasse-nrw.de).

Manchmal aber kann und will man einfach nicht mehr ständig für andere da sein und braucht selbst eine Auszeit, nicht zuletzt aufgrund eigener körperlicher Einschränkungen. Gut, dass es in diesem Fall speziell für Pflegende Möglichkeiten gibt, wieder ein bisschen zur Ruhe zu kommen und aufzutanken. Ist Ihnen bewusst, dass Sie als Pflegeperson ein gesetzlich verankertes Recht (siehe §§ 40 SGB V, 23 SGB V) auf eine medizinische Rehabilitation haben? Viele wissen das nicht, deswegen sind diese Ausführungen auch so wichtig. In einer Reha für pflegende Angehörige geht es nämlich nicht um den alten Menschen, sondern um Sie als Pflegeperson, das heißt um Ihre Beschwerden und ein speziell darauf abgestimmtes Therapieprogramm (Beier, o. J.). Bei einer Reha wird darauf geschaut, dass Sie sich wieder erholen und zu sich finden können. Darüber hinaus erfahren Sie, wie Sie Problemen bereits im Vorfeld entgegenwirken, sodass diese möglicherweise gar nicht erst entstehen.

Um Missverständnisse zu vermeiden, sollte ich an dieser Stelle vielleicht erklären, dass man umgangssprachlich grundsätzlich zwischen dem Begriff „Kur“ (im Gesetz benannt als Vorsorgeleistung) und „Reha“ unterscheidet (easier Life GmbH, 2022). Eine Kur dient der *Vorsorge und dem Erhalt der Gesundheit*, bei einer Reha geht es um die *Wiederherstellung derselben* (z. B. nach Operationen oder bei chronischen Krankheiten). Beides kann in einer pflegerisch anspruchsvollen Betreuungssituation hilfreich sein, um den Anforderungen dauerhaft gerecht werden zu können. Wenn Sie, liebe:r Leser:in, feststellen, dass Sie an gesundheitlichen Problemen leiden, sollten Sie sich besser früher als später mit Ihrer Hausärztin bzw. Ihrem Hausarzt in Verbindung setzen. Klären Sie in einem persönlichen Gespräch ab, ob für Sie eine Vorsorgeleistung oder Reha infrage kommt und Ihr Anliegen medizinisch begründet ist. Bitte achten Sie unbedingt darauf, Ihre Beschwerden (z. B. Schlafprobleme, Rückenschmerzen, Erschöpfung, depressive Verstimmungen) nicht herunterzuspielen, sondern ganz realistisch zu schildern, wie es Ihnen geht. Das ist entscheidend, weil die Ärzteschaft in der Lage sein muss, die beantragte Vorsorgeleistung oder Reha medizinisch fundiert zu begründen. Otto Beier (o. J.), mein Interviewpartner aus der Einleitung, beschreibt das Prozedere so:

> „[…] Einfach mal so auf Kur gehen anstatt eines Urlaubs, das funktioniert nicht. Deshalb muss also begründet werden WARUM die Kur notwendig ist (Krankheitsbilder und Beschwerden), WELCHEN Belastungen Sie durch die Pflege ausgesetzt sind, WIE sich diese Beschwerden auf IHREN Alltag und die Pflege auswirken, WELCHE Erwartungen Sie an die Reha haben und WELCHE Ziele mit der Reha erreicht werden sollen.“

Ziele einer Reha könnten zum Beispiel die Bewältigung von Stresssituationen sein, das Erlernen von Schutzstrategien bei depressiven Episoden oder die psychische und physische Stabilisierung der eigenen Gesundheit. Gemeinsam mit Ihrer Hausärztin bzw. Ihrem Hausarzt füllen Sie anschließend das Antragsformular (zu bekommen z. B. bei Ihrer

Krankenkasse oder Online-Beantragung auf der Website der deutschen Rentenversicherung unter dem Stichwort „Reha-Antragsstellung") aus und reichen es bei Ihrer Krankenkasse ein. Sollte die Krankenkasse nicht die richtige Ansprechpartnerin sein, reicht sie es an die Rentenversicherung weiter. Im günstigsten Fall wird die Maßnahme bewilligt. Sollte das Gegenteil geschehen, haben Sie ein Recht auf Widerspruch, bei dem Ihnen Ihre behandelnde Ärztin bzw. Ihr behandelnder Arzt sicherlich behilflich sein wird. Nehmen Sie diese Option im Bedarfsfall bitte unbedingt wahr und lassen Sie sich nicht verunsichern! *Es passiert nämlich nicht selten, dass ein Antrag erst beim zweiten Mal genehmigt wird.* Aber gehen wir einmal vom positiven Fall aus, demjenigen, dass Ihre Reha bewilligt wurde. Nun eröffnet sich natürlich sofort die Frage, wie Ihr:e hilfsbedürftige:r Angehörige:r während dieser Zeit versorgt wird. In diesem Fall haben Sie zwei Möglichkeiten: Entweder Sie treten die *Reha zusammen mit dem pflegebedürftigen Familienmitglied an* oder Sie geben dieses während dieser Zeit in eine *Kurzzeitpflege* (= zeitlich begrenzter Aufenthalt in einer vollstationären Einrichtung).

Glücklicherweise sind mittlerweile immer mehr Rehaeinrichtungen für eine gemeinsame Unterbringung aufgeschlossen und können die Pflege leisten, wenngleich es leider immer noch eine überschaubare Zahl ist. Unbedingt zu beachten hierbei ist allerdings, dass die Kostenträgerin die *Krankenkasse* sein muss, bei anderen Kostenträger:innen (z. B. Renten- oder Unfallversicherung) gibt es diese Mitnahme-Option nicht. Sollten Sie sich hingegen für eine Kurzzeitpflegelösung beispielsweise in der näheren häuslichen Umgebung entscheiden, müssen Sie abklären, ob die Einrichtung die pflegebedürftige Person *zeitgleich zu Ihrer Reha* aufnehmen kann, sowie dies *im Vorfeld bei Ihrer Pflegekasse beantragen*. Darüber hinaus bietet es sich an, eine sogenannte *Verhinderungspflege* (= eine Person oder ein Dienst, der Sie während Ihrer Abwesenheit in der Pflege vertritt) in Anspruch zu nehmen, diese kann zum Beispiel durch ambulante Pflegedienste, andere Familienmitglieder, Freundinnen und Freunde oder Bekannte erbracht werden und wird (genauso wie die Kurzzeitpflege) nach vorheriger Beantragung über die Pflegekasse finanziert.

Falls so eine Kur oder Reha für Sie interessant ist, vergessen Sie nicht, dass diese Maßnahme immer gut geplant bzw. vorbereitet werden will. Sie sollten deswegen mit der Beantragung nicht warten, bis es gesundheitlich gar nicht mehr geht. Oftmals ist so ein Antrag und dessen Bewilligung ein längerer Prozess, der Geduld erfordert. Hier sollten Sie vorausschauend denken – nicht, dass Sie schlimmstenfalls noch in Lage die kommen, die Pflege wegen gesundheitlicher Schwierigkeiten bereits vor Antritt der gewünschten Maßnahme abbrechen zu müssen. Recherchieren Sie in Ruhe, welche medizinische Einrichtung für Sie geeignet ist und Ihren Wünschen entspricht. Sollte die pflegebedürftige Person während Ihrer Maßnahme in einer Kurzzeitpflegeeinrichtung untergebracht sein, ist es, wie bereits erwähnt, unbedingt notwendig, dass der diesbezüglich genehmigte Zeitraum mit demjenigen Ihrer Maßnahme übereinstimmt, sonst haben Sie ein Versorgungsproblem. Haben Sie die Kostenübernahme dann ebenfalls geklärt, sind Sie (und die pflegebedürftige Person) abgesichert und können sich beruhigt der jeweiligen Erholungsmaßnahme widmen.

Biografischer Blick

Der Werdegang eines jeden Menschen setzt sich aus unterschiedlichen Strängen zusammen. In der Biografiearbeit wird dabei zwischen *sozialer Biografie* (z. B. Einbettung in soziale Beziehungen), *Kulturbiografie* (z. B. Rituale, kulturelle Prägungen), *Mythobiografie* (z. B. Glaube), *Lern- und Bildungsbiografie* (z. B. Berufsabschlüsse), *Persönlichkeitsbiografie* (z. B. wer bin ich), *geschlechtsspezifischer Biografie* (z. B. männlich, weiblich, trans) und *Naturbiografie* unterschieden. Letztere betrifft nicht unwesentlich unseren Körper und *die Erfahrungen, die wir mit ihm machen* (Klingenberger, 2003, S. 106–107). All dies prägt unser Menschsein, im Positiven wie im Negativen. Und es vermittelt eine Idee davon, wer wir in Zukunft sein werden.

Gesunde Ernährung praktizieren

„Das Meiste in unserem Leben war schlecht planbar – mal klingelte der Pflegedienst um acht Uhr, dann wieder um zehn. Daneben mussten wir Arzttermine wahrnehmen, wann immer man sie uns zuteilte. Eines jedoch war in der ganzen Zeit beständig: unser gemeinsames Frühstück. An guten Tagen musste ich nicht allzu lange warten, bis es erschien: das kleine Lächeln, in das ich mich vor so vielen Jahren, als wir uns das erste Mal trafen, verliebt hatte. Das gab mir wieder Kraft für den Tag."

– Ein pflegender Angehöriger –

„*Essen und Trinken hält Leib und Seele zusammen*", dieser Spruch ist Ihnen sicherlich bekannt. Und es stimmt, Essen hat nicht nur etwas mit Nahrungsaufnahme zu tun, sondern in nicht unbedeutendem Maße mit Genuß und Hingabe. Essen triggert unser Erinnerungsvermögen, lässt vertraute Gefühle und Rituale wieder aufleben und macht uns bewusst, dass unsere Lieblingsspeise wahrscheinlich bereits seit Kindheitstagen ein wichtiger Teil unserer Essbiografie ist. Wer erinnert sich nicht gerne an den Duft von Mamas Apfelkuchen, welcher samstags durch das Haus schwebte und zum Naschen mit den nackten Fingern lockte? Liebe:r Leser:in, wahrscheinlich ahnen Sie schon, dass ein regelmäßiges und gesundes Essverhalten im Rahmen einer häuslichen Pflege äußerst sinnvoll und notwendig ist – für Sie als Pflegende:r und genauso für die Person, welche Sie versorgen. Im besten Fall ist es ein stimmiges Gesamtpaket, welches den Bedürfnissen von Ihnen beiden gerecht wird und dabei liebgewonnene Gewohnheiten mit einbezieht. Seien Sie sich bewusst, dass Sie für Ihre anspruchsvolle Aufgabe als Pflegende:r viele Nährstoffe und Energie brauchen und diese hauptsächlich aus einer gesunden Ernährung beziehen. Essen Sie zu oft ungesunde Lebensmittel, ist das so, als würden Sie versuchen, mit einem leeren Tank Auto zu fahren – wo kein Kraftstoff ist, kann keiner verbraucht werden, und im schlimmsten Fall bleibt das Auto irgendwann stehen.

Leider ist es immer noch so, dass viele Menschen nicht darauf schauen, was sie zu sich nehmen, Hauptsache das Kochen geht schnell und sättigt. Die Quittung erhalten sie dann meist erst Jahre später in Form von Krankheiten (Diabetes, Fettleibigkeit usw.), welche womöglich hätten vermieden werden können. Doch bleiben wir bei unserer häuslichen Pflege, in der Ernährung eine nicht zu unterschätzende Schlüsselrolle spielt. Man kann diese auf zwei verschiedene Arten und Weisen betrachten: zum einen in Bezug auf ihren *Nährwert*, zum anderen im Hinblick auf die *persönliche Esskultur*. Im ersten Fall macht es vermutlich für jeden Menschen Sinn, gesund bzw. regelmäßig zu essen und sich die nötige Zeit dafür zu nehmen. Ernährungstherapeutin Beverly Bartsch erklärt in einem Interview mit pflegeberatung.de, dass gerade pflegende Angehörige durch die vermehrte körperliche Belastung (z. B. durch das Waschen, Lagern) einen *erhöhten Eiweißbedarf* haben (compass private pflegeberatung, o. D.). Sie führt weiter aus, dass ein ausreichender Eiweißkonsum viele Vorteile hat. So stärkt er zum Beispiel das Abwehrsystem bzw. die Muskulatur und kann sogar einem etwaigen Verheben vorbeugen. Zu finden ist Eiweiß in Lebensmitteln wie Fleisch (in Maßen), Fisch, Joghurt oder Quark und genauso in Hülsenfrüchten (z. B. Bohnen, Kichererbsen, Linsen).

Wer als Pflegende:r gemeinsam mit dem alten Menschen über den Tag verteilt viel frisches Obst und Gemüse zu sich nimmt, ist ebenfalls im Vorteil. Hier verbinden Fertigprodukte wie zum Beispiel Tiefkühlgemüse oder gefrorene Beerenmischungen das Angenehme mit dem Nützlichen, da sie schneller zubereitet werden können und (zumindest bei Obst und Gemüse) die gleichen Nährstoffe enthalten wie frische Nahrungsmittel.

Im Interview schildert Frau Bartsch weiter, dass für ausgiebiges Kochen in der häuslichen Pflege die Zeit leider oft fehlt, unterstützen können deswegen Tiefkühlprodukte. Da es auch hier gesunde und weniger gesunde Produkte gibt, sollten Pflegende darauf achten, dass in den Speisen Proteine (z. B. Fleisch oder Tofu) sowie „gute" Kohlenhydrate (z. B. Reis, Gemüse usw.) gleichermaßen vertreten sind. Zum Glück gibt es mittlerweile den sogenannten „Nutri-Score" (ein

System zur Nährwertkennzeichnung von Lebensmitteln), welcher die Auswahl erleichtert. Wer darüber hinaus auf zeitraubendes Waschen und Salatschneiden verzichten möchte, ist mit bereits servierfähigen Salaten gut bedient.

Auch das Trinken darf natürlich nicht vergessen werden, eineinhalb Liter täglich sollten es für Sie und die Person, welche Sie pflegen, schon sein. Greifen Sie hier am besten zu stillem Mineralwasser und Kräutertees anstelle von Fruchtsäften – das hält die gesundheitsschädigende Zuckerzufuhr in Grenzen (De Paola, 2018). Trotzdem machen Sie sich nicht verrückt, wenn es um die richtige Ernährung geht. Nach meiner Erfahrung können Sie nicht allzu viel falsch machen, wenn Sie auf eine ausgewogene Zufuhr achten und dabei persönliche Vorlieben bzw. Einschränkungen (wie z. B. Nahrungsmittelunverträglichkeiten, Krankheiten) berücksichtigen.

Manchmal jedoch wird das Essen bzw. Trinken trotz aller Mühe zur Zerreißprobe, vor allem, wenn der alte Mensch trotz liebevollster Zubereitung das angebotene Essen einfach nicht annehmen will. Eine solche Situation kann schnell Stress verursachen, so wie es einigen meiner ehemaligen Klient:innen passierte. Eine depressive alte Dame beispielsweise tat sich schwer damit, genügend Flüssigkeit zu sich zu nehmen, weil ihr das Durstgefühl fehlte. Ihre sie zu Hause versorgende Schwester stellte ihr jeden Tag wieder eine Kanne voll Tee an das Bett, aber es half nichts, die Dame nippte nur daran. Was die zu Pflegende jedoch gerne zu sich nahm, waren Suppen, Obst und eingelegte Früchte. Also ging die Schwester irgendwann dazu über, neben dem Tee auch Trinksuppen ans Bett zu stellen, abwechselnd zu Melonen, Orangen, Gurken und eingelegten Zwetschgen. Verspürte sie selbst Durst, ging sie jedes Mal zu ihrer Schwester, erhob das Glas mit einem „Prost" und trank mit ihr gemeinsam ein paar Schlucke. Auf diese Weise bekam die psychisch kranke Schwester genügend Flüssigkeit und die nervenaufreibenden Debatten um das Trinken minimierten sich.

Eine Schlaganfallpatientin hingegen konnte mit ihrer zitternden rechten Hand (die linke war gelähmt) nicht mehr richtig essen und trinken. Beim Mittagessen fiel das Essen regelmäßig über den Tellerrand auf den Tisch, beim Trinken verschüttete sie das Wasser auf ihre Kleidung. Damit die Mutter das Getränk besser greifen konnte, besorgte die pflegende Tochter bei einem Hilfsmittelanbieter einen leichten Becher aus Kunststoff mit Rillen, Deckel und verlängertem Trinkhalm. Weiterhin stellte sie standfestes Geschirr mit einem erhöhten Rand zu Verfügung. Das führte dazu, dass die Kranke die Speisen wieder besser zu sich nehmen konnte und sich unabhängiger fühlte.

Das letzte Beispiel ist ein älterer Mann, der sein Gebiss ständig aus dem Mund nahm und deswegen nicht richtig kauen konnte. Darüber hinaus verspürte er keinen Hunger und beschwerte sich über alles, was gekocht wurde. Das kostete die ihn pflegende Tochter viele Nerven. Schließlich ging sie dazu über, hauptsächlich die Lieblingsspeisen des Vaters zu kochen und zu pürieren, damit er sie besser schlucken konnte. Gleichzeitig bot sie ihm über den Tag verteilt mehrere kleinere Mahlzeiten an wie zum Beispiel Käsewürfel, Orangen, Quarkspeisen oder Buttermilch. Dies nahm der Vater eher an.

Über diese Beispiele hinaus gibt es natürlich noch eine Vielzahl an *Problematiken*, mit denen Sie ebenfalls konfrontiert sein könnten. Die Bandbreite reicht von *Appetitmangel*, *Kauproblemen*, *Schluckbeschwerden*, *Nahrungsverweigerung bis hin zu Verdauungsbeschwerden*, alles oft im Zusammenhang mit krankheits- und altersbedingten Einschränkungen (Zentrum für Qualität in der Pflege, 2020c). Ein kompetenter Ansprechparter für Probleme dieser Art ist das Zentrum für Qualität in der Pflege (www.zqp.de), eine gemeinnützige Stiftung, welche auf ihrer Website kostenlose Ratgeber und Informationen rund um das Thema Pflege zur Verfügung stellt. In Bezug auf die Nahrungsaufnahme empfiehlt die Stiftung, so gut es geht die Selbstbestimmung des alten Menschen zu bewahren. Das bedeutet, die Person nicht zum Essen oder Trinken zu zwingen, wenn sie dies nicht möchte. Ich finde das nachvollziehbar, denn möchten wir nicht alle gerne darüber bestimmen, ob bzw. wie viel wir essen, selbst wenn wir an einer Demenz erkrankt sind und der Hilfe anderer bedürfen? Natürlich braucht es unabhängig davon seitens pflegender Angehöriger immer Feingefühl, um abzuschätzen, ob der alte Mensch nun generell zu wenig isst oder sich womöglich falsch ernährt. *Seien Sie deswegen wachsam, wenn die pflegebedürftige Person über einen längere Zeit nichts essen oder trinken mag.* In diesem Fall gilt es herauszufinden, warum das so ist, und sich gegebenenfalls ärztliche oder pflegefachliche Hilfe zu holen. Darüber hinaus macht es auch in diesem Lebensbereich Sinn, die Selbstständigkeit der hilfebedürftigen Person zu fördern und sie dazu zu ermutigen, so viel wie möglich selbst zu tun. Vielleicht mögen Sie ja gemeinsam mit der hilfsbedürftigen Person Kartoffeln für den Lieblingsauflauf schälen, Erdbeermarmelade kochen oder Plätzchen ausstechen, ganz so, wie Sie es früher einmal gemeinsam taten? Oder den alten Menschen den Tisch decken, Servietten falten und das Radio einschalten lassen? Zugegeben, das mag für Sie als Pflegende:r vielleicht manchmal anstrengend sein und nicht immer gelingen, der Gewinn jedoch ist unbezahlbar: ein warmes Lächeln auf dem Gesicht Ihrer:Ihres Betreuten und ein Gefühl von Zufriedenheit. Denn womöglich hat die Person aus eigener Kraft nun etwas geschafft, was sie sich schon länger nicht mehr zutraute.

Neben der gesundheitlichen Komponente hat Ernährung in nicht unbedeutendem Maße mit unserer *biografischen Vergangenheit* etwas zu tun. Wir alle (oder doch zumindest viele von uns) verbinden mit einer Mahlzeiteneinnahme familiäre Zusammenkünfte, Rituale, Genuß sowie Lebensfreude, weshalb in uns wertvolle Erinnerungen verankert sind, die es im Pflegealltag positiv zu nutzen gilt. Die meisten Menschen mögen diese Gewohnheiten im Alter gerne beibehalten, schließlich machen sie unter anderem das aus, was sie sind und worüber sie sich definieren. So trank eine mir bekannte alte Dame ihren Morgenkaffee seit Jahr und Tag schwarz mit zwei Stückchen Zucker und genoß dazu immer ein Brötchen mit Marmelade. Beim Frühstücken mochte sie es, im Hintergrund Schlager zu hören, sich mit mir zu unterhalten und aus dem Fenster zu schauen – da bekam sie mit, wer draußen auf der Straße vorbeiging. Nach dem Frühstück gingen wir zur Körperpflege über und starteten gemächlich den Tag. Hätte ich sie mit Blick auf die Uhr durch das Frühstück gehetzt und mich jedes Mal darüber aufgeregt, wenn sie ihre Kleidung bekleckerte, wäre das ein

Stressfaktor gewesen, der uns beiden nicht gutgetan hätte. Stattdessen erfreute ich mich an ihrer Freude und versuchte sie beim Essen zu nichts zu drängen, was sie nicht wollte. Natürlich kam es hin und wieder vor, dass sie die Nahrung verweigerte, dann aber lockte ich sie mit ihrer Lieblingsfrucht, pürierte ihr eine Portion Haferflocken mit Obst oder reichte ihr Trinknahrung, was meistens gut klappte.

An diesem einfachen Beispiel wird ersichtlich, dass *Essgewohnheiten* sehr gut als *verbindendes Element* zwischen der Pflegeperson und einem alten Menschen wirken können. Nicht wenige Altenheime fragen deshalb bei der Aufnahme die Ess- und Trinkbiografie ihrer Bewohner:innen ab, was in meinen Augen absolut Sinn macht. Denn wenn ich als Pflegende:r weiß, welche Speisen und Getränke ein alter Mensch bevorzugt, was er besonders gerne isst (oder überhaupt nicht), ob der Essenstisch früher in einer bestimmten Art und Weise gedeckt wurde, unter welchen historischen Rahmenbedingungen jemand aufgewachsen ist oder mit welchen Speisen sein Geburtstag gefeiert wurde, kann ich viel besser auf die Bedürfnisse der zu pflegenden Person eingehen (Paaßen, 2021). Das wiederum stellt über die Speisen bzw. die äußere Gestaltung der Essensaufnahme ein Wohlgefühl her und fördert die Zufriedenheit auf beiden Seiten.

Mir wurde das übrigens ganz besonders deutlich, als meine Mutter nach dem Schlaganfall in eine Rehabilitationsklinik kam. Das war kurz vor Weihnachten und sie war unglaublich deprimiert, weil sie nach der Operation gelähmt war, das Fest nicht zu Hause feiern konnte und in der Klinik nicht das bekam, was sie eigentlich essen wollte. Da wir zu Weihnachten seit jeher Sauerkraut und Würste verzehrt hatten, wollte ich ihr zumindest dieses schöne Erlebnis nach all dem gesundheitlichen Drama nicht verwehren. Also packten mein Vater, mein Bruder und ich einen tragbaren Grill ein und kauften Würste bzw. Sauerkraut, welches wir in einem Topf in die Klinik schmuggelten. Im Zimmer meiner Mutter stellten wir den Grill auf, deckten ihren kleinen Tisch weihnachtlich und mein Bruder drehte und wendete fleißig die Würste. Irgendwann aber geriet die Situation außer Kontrolle, weil die Rauchentwicklung intensiver war, als ursprünglich gedacht. Mein Bruder und ich rissen das Fenster auf und der Rauch konnte nach draußen entweichen. Währenddessen irrte mein Vater durch die Gänge der Klinik und wärmte den Topf mit dem Sauerkraut in einer Mikrowelle auf, was diese fast zum Explodieren brachte. Glücklicherweise ging am Ende trotzdem alles gut: Niemand rief die Feuerwehr, meine Mutter aß voller Glück das allererste Mal nach dem Schlaganfall wieder eine Bratwurst – und die Klinik und all ihre Bewohner:innen, sämtliche Mitarbeitende sowie die gesamte Einrichtung blieben heil. Vielleicht mag dieses zugegebenermaßen besser nicht zur Nachahmung empfohlene Beispiel verdeutlichen, dass Sie als nahestehende:r Angehörige:r einen wertvollen Schlüssel in der Hand halten, den Sie für ein entspanntes Beisammensein nutzen können. Sie wissen um bevorzugte Speisen und liebgewonnene Gewohnheiten des alten Menschen, und dies wahrscheinlich besser als jede:r professionelle:r Pfleger:in. Das ist kein Wunder, denn *Sie* sind die Person, welcher der alte Mensch vertraut und mit der er liebevolle Erinnerungen an früher verbindet. Das alleine reicht oftmals schon aus, um die Mahlzeitenaufnahme zu einem angenehmen, wohlschmeckenden und lebensbejahenden Erlebnis für beide Parteien zu machen.

Biografischer Blick

Mahlzeiten stehen oft sinnbildlich für Genuss und Lebensfreude, für familiäre Zusammenkünfte und liebgewonnene Gewohnheiten. Trotzdem bedeutet die Mahlzeiteneinnahme nicht für jeden alten Menschen etwas Positives, denn nicht selten wurden (besonders bei der Kriegsgeneration) Erfahrungen von Armut und Hunger gemacht. Dies alles beeinflusst die Art und Weise, wie ein pflegebedürftiger Mensch isst und trinkt. Sie als pflegende:r Angehörige:r tun deshalb gut daran, die jeweiligen Erfahrungen zu kennen, sie im täglichen Umgang sensibel zu berücksichtigen und angemessen einzusetzen (Lepthin, 2007).

3 Seelisches Wohlbefinden stärken

Pflegen ja, Aufopfern nein? Selbstfürsorge als Grundlage der gemeinsamen Zeit

„Der schlimmste Moment für mich war, zu erkennen, dass ich aufgrund der jahrelangen Pflege körperlich und seelisch Hilfe benötigte und meinen Mann nicht mehr länger zu Hause versorgen konnte. Als er schließlich ins Heim kam, brach ich zusammen. Ich konnte einfach nicht mehr."

– Eine pflegende Ehefrau –

Die Dame, von der im vorangegangenen Zitat die Rede ist, kämpft immer noch mit den Folgen der jahrelangen Belastung durch die Pflege. Sie gönnte sich keine Freiräume, sondern opferte sich für ihren Mann auf – bis hin zu einem Zusammenbruch, der eine längerfristige psychiatrische Hilfe erforderte. Käme sie heute wieder in eine solche Situation, würde sie es anders machen – und sich neben dem Wohl ihres Mannes genauso um ihr eigenes kümmern. Haben Sie ähnliche Tendenzen, alles für eine andere Person zu geben, ohne Rücksicht auf eigene Bedürfnisse? Dann ist dieses Kapitel besonders wichtig für Sie. Es soll dazu beitragen, dass Sie sich bei Ihrer bewundernswerten, jedoch oftmals anstrengenden Pflegetätigkeit selbst nicht vergessen und Ihre Bedürfnisse im Blick behalten, denn ich (als Sozialpädagogin, Pflegeberaterin und seit mittlerweile fünf Jahren selbst häuslich Pflegende) bin der festen Überzeugung:

**Nur wenn es IHNEN gut geht,
wird es auch der Person gut gehen,
um die Sie sich kümmern – und das dauerhaft.**

Ich halte nichts davon, sich für einen anderen Menschen aufzuopfern, denn das bringt niemandem etwas. Der große Knackpunkt bei der Sache: Pflege ist meist ein Marathon, weniger ein Sprint, und deswegen gilt es von Anfang an, sich seine Kräfte klug einzuteilen. Gerade bei der häuslichen Pflege ist es enorm wichtig, das Thema Selbstfürsorge hochzuhalten und sich immer wieder daran zu erinnern, dass die eigenen Bedürfnisse mindestens genauso wichtig sind wie diejenigen der Person, die gepflegt wird. Nur dann ist ein gesundes Geben und Nehmen auf lange Sicht möglich, und glauben Sie mir das, denn ich spreche aus eigener Erfahrung: wirklich *nur* dann. Aber wie entsteht so ein ungesundes Gleichgewicht zwischen Geben und Nehmen? Wann schlägt das ursprünglich liebevolle Kümmern ins Aufopfern um, und zwar so, dass es für eine:n Pflegende:n ungesund sein kann? Nun, ich vermute, bei einer übermäßigen Belastung ohne einen passenden körperlichen, geistigen oder seelischen Ausgleich. Das bedeutet, eine mitunter zunächst ausgeglichene Waage kippt immer mehr auf eine Seite – und die Belastung gewinnt irgendwann Oberhand. So ist es leider vielen pflegenden Angehörigen, die ich im Laufe meiner beruflichen Tätigkeit kennengelernt habe, passiert. Sie opferten sich oft jahrelang für die edle Sache auf, ein älteres Familienmitglied zu unterstützen. So lange, bis es irgendwann nicht mehr ging und sie selbst unter gesundheitlichen Problemen und Stress litten. Dabei ist Stress vom Grunde her eigentlich gar nichts Schlechtes, sogar ganz im Gegenteil: Positiv empfundener Stress (Fachbegriff: „Eustress") führt normalerweise dazu, dass wir unsere Kräfte sammeln und Herausforderungen bewältigen können, genauso lässt er uns eine Art Hochgefühl empfinden und bringt uns im Leben weiter (Reichelt, 2017). Dadurch können wir im Beruf oder Sport sehr viel erreichen und fühlen uns mitunter stolz, weil wir die geforderte Leistung erbracht haben. Negativer Stress (Fachbegriff: „Disstress") hingegen laugt uns aus, die ursprüngliche

Motivation geht verloren und wir haben das Empfinden, den Anforderungen nicht mehr gerecht werden zu können. Das sorgt für Druck und ist alles andere als gesund, denn im schlimmsten Fall macht es die Betroffenen krank.

Vielleicht wundern Sie sich nach dem Lesen dieser Zeilen, was in einer häuslichen Pflege so viel Stress verursachen kann? Denn der eigentliche Grundgedanke ist ja, dass man die andere Person liebt und alles tun möchte, um sie zu unterstützen. Da fällt doch das „bisschen Arbeit nebenbei" gar nicht ins Gewicht. Anfangs vielleicht nicht, doch meistens ändert sich das schnell, wie ich aus eigener Erfahrung bestätigen kann. Eine exemplarische Äußerung eines pflegenden Sohnes verdeutlicht das an dieser Stelle:

> „Ich habe zunächst meine Mutter gepflegt und danach meinen Vater. Das war eine schöne, aber auch anstrengende Zeit, in der ich mich total verausgabt habe. Natürlich wollte ich meine Eltern unterstützen, deswegen habe ich es ja gemacht, und anfangs lief es nur so nebenbei. Bis dann die Aufgaben mit der Zeit mehr wurden. In all den Jahren war ich gleichzeitig Hausmeister, Putzhilfe, Koch, Sekretär, Krankenpfleger, Ergotherapeut, Psychologe, Medikamentensortierer und Einkäufer. Darüber hinaus schlief ich fast keine Nacht mehr durch und sorgte mich um meine Eltern. Wir waren ständig wegen irgendwas beim Arzt und immer wieder kamen neue gesundheitliche Probleme dazu. Dieses ewige Gebrauchtwerden, das Immer-für-alles-zuständig-Sein, dazu die Ängste und das permanente schlechte Gewissen, nicht genug zu tun – das alles machte mich fertig. Irgendwann musste ich meinen Beruf aufgeben und bin in Frührente gegangen, aufgrund von Depressionen. Seit meine Eltern verstorben sind, führe ich wieder mein eigenes Leben, zu meiner alten Form habe ich aber nie wieder zurückgefunden."

Von so einer Erfahrung zu lesen mag ernüchternd sein, doch es kann ebenso bewirken, dass Sie erkennen, dass mit einer Pflege, bei der Sie sich jahrelang aufopfern, für niemanden etwas gewonnen ist. Ich möchte Sie dafür sensibilisieren, so gut es geht Ihr eigenes Wohl im Blick zu behalten und ein *gesundes Gleichgewicht zwischen Fürsorge und Selbstfürsorge* zu finden. Die in den vorigen Kapiteln bereits erwähnte Berücksichtigung der Lebensgeschichte und des eigenen Ichs kann eine wundervolle Möglichkeit sein, um Bedürfnisse im Blick zu behalten und den gemeinsamen (ja meist etwas länger andauernden Pflege-) Weg *ressourcenorientiert* zu gehen (Specht-Tomann, 2012). Ressourcenorientiert bedeutet, bei all den Anforderungen, die an uns herangetragen werden, darauf zu achten, unsere Stärken im Blick zu behalten und weniger das, was wir vielleicht nicht so gut können. Das hat viel mit Selbstfürsorge zu tun, bedeutet gleichzeitig aber *nicht*, egoistisch zu sein. Sicher kennen Sie das aus dem Flugzeug. Die Stewardessen leiten ihre Fahrgäste stets an, sich in einer Gefahrensituation zuerst die Sauerstoffmasken überzuziehen, bevor sie das bei anderen tun. Sonst könnten sie einer anderen Person nicht helfen, weil es ihnen selbst schlecht geht. Das Äquivalent dazu finden Sie in der Pflege: Zuerst muss es *Ihnen* gut gehen, dann können Sie der pflegebedürftigen Person angemessen helfen. Selbstfürsorge bedeutet, dass Sie sich selbst und Ihre Bedürfnisse achten, wertschätzen und würdigen. Wenn Sie dies wirklich aufrichtig praktizieren, ist *Stärke* die treibende Kraft für Ihre Handlungen, nicht *Schwäche* (Roman, 1987). An dieser Stelle möchte ich Sie deshalb gerne um etwas bitten. Es ist etwas ganz Einfaches und für viele doch so unglaublich schwer. Meine Bitte lautet:

Glauben Sie an sich
und halten Sie sich für gut genug in dem,
was Sie leisten!

Seien Sie davon überzeugt, dass Sie immer das Beste für den alten Menschen in Ihrem Umfeld tun, selbst dann, wenn Sie hin und wieder Fehler machen. Vergessen Sie nicht, dass niemand perfekt ist, auf der ganzen weiten Welt nicht. Und Sie, liebe:r Leser:in, müssen es auch nicht sein. Im Alltag bedeutet dies, immer wieder in sich zu gehen, zu wissen, was man leisten kann (und was nicht), und sich frei von Erwartungshaltungen anderer zu machen (Pigorsch, 2018). Gestalten Sie die Pflege der Ihnen anvertrauten Person am besten so, wie es die Situation erforderlich macht, nicht wie irgendjemand es Ihnen vorschreibt.

Ganz wichtig in diesem Zusammenhang ist das Thema Stress, welches wir schon angeschnitten haben: Wann empfinden *Sie* Stress? Wenn Ihnen etwas nicht gelingt? Wenn Sie sich überfordert fühlen? Wenn zu viel auf einmal auf Sie einstürmt? Im Rahmen einer häuslichen Pflege werden Sie sicherlich öfters mit stressigen Situationen konfrontiert werden, das ist kein Geheimnis. Nehmen wir nur ein praktisches Beispiel aus dem Alltag: Sie pflegen Ihren demenzkranken Vater und möchten ihn dazu bewegen, dass er sich wie jeden Morgen den Oberkörper wäscht. Leider weigert er sich und wird immer aggressiver. In Ihnen tobt es und Sie werden ärgerlich, es kann doch nicht sein, dass Ihr Vater so zickig ist! Die Folge: Ihr Blutdruck steigt, Sie bekommen Kopfschmerzen und blaffen ihn womöglich an. Am Ende macht Ihr Vater dicht und Sie stehen am Rande der Verzweiflung. Sehr frustrierend für beide Seiten und doch Alltag in deutschen Badezimmern. Schauen wir uns diese Szene ein wenig näher an, und zwar in Bezug auf Ihr eigenes Stressempfinden.

Zunächst gehen Sie mit einem bestimmten Vorhaben mit Ihrem Vater ins Bad. Sie stellen sich vor, dass er wie immer mithilft und sich problemlos wäscht. Heute jedoch klappt es nicht und das frustriert Sie sehr. Das ist völlig verständlich, bringt Sie jedoch im Hinblick auf das gewünschte Endergebnis leider nicht weiter. Ein Weg, eine solche Stress auslösende Situation von vorneherein zu vermeiden, ist zum Beispiel, *sich selbst und seine Zielvorstellungen* zu *hinterfragen* (De Paola, 2018). Daniel De Paola, erfolgreicher Berater von pflegenden Angehörigen sowie Seelsorger, rät in solchen Fällen, immer zu reflektieren, was man selbst zu seinem Stressempfinden beigetragen hat, denn meist ist es ja so, dass wir die Reaktionen unseres Gegenübers nicht ändern können, unsere eigenen dafür sehr wohl. Bezogen auf unser Beispiel könnte das folgendermaßen aussehen: Sie verfolgen einen ganz bestimmten Plan, nämlich den, dass Ihr Vater jeden Morgen um dieselbe Zeit gewaschen werden soll. Mit diesem fixen Vorhaben setzen Sie sich jedoch gehörig unter Druck, denn wenn es einmal nicht so ist, geraten Sie in Stress – das heißt, Sie erreichen nicht das, was Sie sich vorgenommen haben. Da Sie die Reaktionen Ihres Vaters nicht in der Hand haben, wohl aber Ihre eigenen, können Sie sich nun fragen, ob es zu Ihrem vorgefertigten Plan nicht noch Alternativen gäbe wie zum Beispiel, das Waschen ein paar Stunden später erneut zu probieren, es ausnahmsweise ganz ausfallen zu lassen oder die Körperhygiene anders durchzuführen als sonst. Vielleicht ist Ihr Vater dann entspannter und reagiert anders. Oder Sie sind im Umgang mit ihm gelassener, nachdem Sie ein paar Mal tief durchgeatmet und sich eingestanden haben, dass nicht immer alles perfekt laufen muss. Unabhängig von diesem Beispiel (also der Fall, dass Sie *nicht das bekommen, was Sie sich vorgenommen haben*) muss man aber ehrlich zugestehen, dass Stress nicht immer eine hausgemachte Sache ist. Manchmal entsteht die Ursache im *Außen* (Reichelt, 2017, S. 26–27), so wie in diesen Fällen:

- *Sie verlieren etwas Liebgewonnenes, was Sie behalten wollten*
  (z. B. den gesunden und selbstständigen Menschen, den Sie vor Eintreten der Pflegebedürftigkeit gekannt haben)
- *Sie bekommen viel zu viel vom Gewünschten*
  (z. B. Sie pflegen aus Überzeugung und mit Hingabe, doch der Umfang der Pflege wird immer mehr, sodass Sie nicht mehr zur Ruhe kommen)
- *Sie bekommen genau das, was Sie nicht wollen*
  (z. B. das Eintreten einer Krankheit bei dem Menschen, den Sie lieben)

Die meisten dieser Stress auslösenden Faktoren haben Sie nicht in der Hand, oder nur bedingt. Trotzdem können Sie diesen Unwägbarkeiten immer auf eine Art begegnen, die Sie solch anstrengende Zeiten besser überstehen lässt: *fürsorglich und achtsam mit sich selbst*. Gehen Sie deshalb regelmäßig in sich und analysieren Sie Stresssituationen und Ihre ganz persönliche Reaktion darauf (Specht-Tomann, 2012). Biografische Fragen wie zum Beispiel „*Was für einem Stress bin ich gera-*

de ausgesetzt (körperlich, seelisch, zwischenmenschlich usw.)?“, „*Welche Gedanken bzw. Gefühle habe ich in der Stresssituation?*“, „*Wo kann ich etwas verändern (z. B. persönliche Bewertungen)?*“ oder „*Wer oder was hat mir in der Vergangenheit geholfen, Stress zu reduzieren?*“ können dabei helfen. Hilfreich, um Stress zu vermindern, könnte sein, dass Sie sich anders organisieren (z. B. zeitliche Abläufe anders steuern), gut zusprechen (z. B. „*Ich schaffe das und mache eines nach dem anderen*“) oder externe Hilfe in Anspruch nehmen (z. B. Beratung von Fachpersonen). Hierzu fällt mir ein pflegender Sohn ein, den es total gestresst hatte, dass seine Mutter jeden Morgen um Punkt vier Uhr aufstand und mit ihm in den Frühgottesdienst gehen wollte. Um das Problem zu lösen, fragte er sich, was er ändern könnte, und kam auf eine ganz unkonventionelle Idee: Er stellte die Uhren im Haus um zwei Stunden zurück und ließ die Jalousien herunter. So gewöhnte sich die alte Dame daran, später aufzustehen, und der Sohn konnte zumindest bis sechs Uhr schlafen. Tja, manchmal braucht es eben flexible Lösungen, um die eigene Seelenruhe wiederzufinden. Nicht nur aus diesem Grund lege ich Ihnen noch einmal dringend ans Herz:

Nehmen Sie sich bitte (nicht nur im Rahmen der Pflege) stets genauso wichtig wie eine andere Person und achten Sie auf sich.

Schaffen Sie sich genügend Auszeiten und holen Sie sich Unterstützung. Nur dann werden Sie in der Lage sein, sich langfristig gut um Ihre:n Angehörige:n zu kümmern, ohne sich selbst dabei aufzuopfern. Vergessen Sie nicht: Eine gesunde Selbstfürsorge bedeutet, sich verantwortungsvoll neben den Belangen des eigenen Körpers bzw. Geistes auch um diejenigen der Seele zu kümmern und damit das eigene Wohlbefinden zu steigern. Wie Sie das an unterschiedlicher Stelle in einem oftmals hektischen pflegerischen Alltag umsetzen können, erfahren Sie in diesem dritten Buchkapitel.

Biografischer Blick

Biografiearbeit, das heißt die Auseinandersetzung mit dem eigenen Ich und der Vergangenheit, intensiviert die Selbstwahrnehmung. Bei diesem Prozess werden leitgebende Werte deutlich, genauso wie emotionale Grenzen bzw. Möglichkeiten. Dies führt zu dem Gefühl, das Leben – trotz womöglich widriger Umstände – im Griff zu haben und sich selbst nicht aus dem Blick zu verlieren (Hofmeister, 2014).

Das Verbindende sehen

„Die Seniorennachmittage bei Kaffee und Kuchen taten uns gut. Wir sprachen über vergangene Zeiten, lachten über Anekdoten und vergaßen die Zeit. Das ließ uns so manchen Streit vergessen."

– Eine pflegende Angehörige –

Erinnern Sie sich noch daran, wie Sie gelernt haben, Fahrrad zu fahren? In meiner Erinnerung war ich drei Jahre alt, als mein Vater neben mir herlief und das Fahrrad, auf dem ich saß, stützte, damit ich nicht umfiel. Irgendwann ließ er mich los, rief: *„Du schaffst das!"*, und blickte meiner auf dem Rad schlingernden Gestalt nach. Zunächst ging es schief und ich schlug mir das Knie auf, doch mit jedem Mal wurde es besser. Ich vertraute meinem Papa und wusste tief in mir drin, er würde da sein, wenn ich ihn brauchte. Tatsächlich habe ich es irgendwann ohne größere Stürze geschafft – und kann dank seiner Hilfe als Erwachsene nun den Fahrradsport genießen. Der Grundstein für diese Erziehung war Liebe, Vertrauen, Zugewandtheit und eine gute Portion Humor. Natürlich gab es genauso Streit, laute Worte oder Ablehnung, wie in jeder Familie, und nicht selten flossen Tränen. Trotzdem splittete diese Missstimmung niemals das intensive Band der Liebe, welches meine Familie und mich bis heute verbindet.

Viele pflegende Angehörige haben ähnliche Empfindungen gegenüber ihren Eltern und erinnern sich gerne daran, welche Fürsorge diese zeitlebens der eigenen Person entgegengebracht haben. Dieses umfassende Lebensgefühl verbindet. Es vermittelt Rückhalt. Und es spendet Kraft, die Stürme des Lebens gemeinsam durchzustehen. Psychotherapeut Michael Tischinger (2019) bezeichnet diese Erfahrung von Verbundenheit als überlebensnotwendig für uns Menschen. Wenn wir uns verbunden fühlen, schaffen wir es, sowohl mit anderen Menschen als auch mit unserer Mutter Erde achtsam, respektvoll bzw. wertschätzend umzugehen und darauf zu vertrauen, dass alles gut wird.

Gerade in einer oftmals anstrengenden Pflegesituation ist das aber gar nicht so leicht, denn die meisten an der Pflege Beteiligten kämpfen mit Zukunftsängsten. Der ältere Mensch ist nicht selten deprimiert, weil er körperlich und geistig abbaut, die pflegenden Angehörigen hingegen sorgen sich, was noch alles geschehen könnte. Viele von ihnen leiden mit den pflegebedürftigen Senior:innen mit, können sich schlecht abgrenzen und übernehmen unbewusst deren Stimmungslagen. Bei manchen Klient:innen fällt mir das nicht selten bereits frühmorgens auf, wenn ich das Haus betrete. Oft genug empfängt mich da eine stirnrunzelnde Tochter, welche mir berichtet, dass die Mutter heute schon geweint habe und sie gerade ebenso verzweifelt sei wie diese. Geht es der pflegebedürftigen Mutter an einem anderen Tag besser, erkenne ich das ebenfalls an der Mimik der Tochter: Diese wirkt entspannt, bevor sie zur Arbeit fährt.

Schwierig an solchen Situationen ist, dass das natürliche Mit*gefühl* der Angehörigen oft mit einem Gefühl von Mit*leid* verwechselt wird. Diese Unterscheidung sehr bewusst zu treffen, ist elementar, denn Mit*gefühl* und Mit*leid* sind nicht dasselbe. Michael Tischinger (2017) bezeichnet Mitgefühl in seinem Vortrag über „Die Freude am Sein" so:

> „Mitgefühl ist die Antwort des Herzens auf das Leid eines anderen."

Hat eine Person Mit*gefühl*, kann sie die *Empfindungen* einer anderen Person auf einer empathischen Ebene nachfühlen, empfindet sie jedoch Mit*leid*, leidet sie (zusätzlich zu dem betroffenen Menschen) *selbst* *mit* (Teusen, 2020, S. 33). Das ist in etwa so, als träfe ich auf eine Person, welche sich den Finger eingeklemmt hat, und lege meinen eigenen dazu – im ganz wörtlichen Sinne leide ich mit der anderen Person mit, *teile* das Leid, verändere aber an der ursächlichen Situation nichts (außer natürlich, dass nun zwei schmerzende Finger eingeklemmt sind anstatt einem). Mit*leid* bedeutet, gemeinsam mit anderen im Schmerz zu verharren, Mit*gefühl* hingegen ist ein angemessenes „Zur-Seite-Stehen" mit Blick auf die Zukunft und unter Einbringung von Hilfsmöglichkeiten. Denn nur in einer Haltung des Mitgefühls kann ich Zuspruch spenden, ohne mich selbst zu vergessen. Und nur so kann ich mir mit klarem Kopf überlegen, wie ich unterstützend wirke, etwa indem ich – bezogen auf das obige Beispiel – den eingeklemmten Finger befreie, Schmerzmittel besorge und der verletzten Person mit Worten Trost spende. Die Psychoanalytikerin Luise Reddemann (2008, S. 89) beschreibt das so:

> „Mitgefühl bedeutet: Ich weiß und verstehe, wie dir zumute ist. Gleichzeitig weiß ich auch, dass das jetzt nicht mein Gefühl, mein Leiden, ist. Ich kann eine hilfreiche Distanz bewahren, die mich in die Lage versetzt, nicht im Schmerz der anderen Person zu versinken."

Das ist wie mit der Zubereitung einer Salatsoße. Haben Sie schon einmal versucht, Wasser mit Öl zu vermischen, und festgestellt, dass das gar nicht geht? Wahrscheinlich schon. Natürlich berühren sich die beiden Flüssigkeiten, aber sie gehen nicht ineinander über. Genau diese Trenn- oder besser *Berührungs*linie kann ein sinnbildliches Symbol für dasjenige Mit*gefühl* sein, von dem ich hier spreche. Es bedeutet, *sich nahe zu sein, ohne miteinander zu verschmelzen* (Bergner, 2016, S. 220). Diese gesunde Art der Verbundenheit und Liebe ermöglicht es, Ängste zu reduzieren und selbst in schwierigen Situationen ein positives Signal zu setzen. Frei nach dem Motto: „*Gemeinsam sind wir stark!*"

Im Pflegealltag kann das zum Beispiel bedeuten, einer deprimierten älteren Person die Hand zu halten, ihre negativen Gefühle wahrzunehmen (ohne sie kleinzureden), sie mit Worten und Gesten zu stärken oder für positive Ablenkung zu sorgen. Damit Sie selbst aber die innere Distanz, die hierfür vonnöten ist, aufbauen und bewahren können, sollten Sie immer wieder einmal innehalten und sich belastende Momente wie diese vor Augen führen. Nun sind nämlich *Sie* die Person, welche Zuspruch braucht, und zwar aufgrund ihrer *eigenen negativen Empfindungen*. Um diesen Zuspruch zu erfahren, hat sich eine kleine Übung gut bewährt (Reddemann, 2008): Stellen Sie sich sich selbst und Ihre Gefühle als einen Menschen vor, der Ihnen gegenübersteht, und nehmen Sie ihn in den Arm. Sprechen Sie mit ihm, sagen Sie, dass Sie seine Gefühle nachvollziehen können und verstehen. Erklären Sie, dass diese Gefühle da sein dürfen, und verzichten Sie auf beschönigende Worte. Kurzum: Nehmen Sie diesen belasteten Teil von sich voll und ganz an. Er darf da sein und wird von Ihnen gehalten – wann immer er es braucht. Alternativ können Sie vielleicht die Hände auf die Brust legen, die Augen schließen und sich sagen: „*Ja, ich habe diesen Schmerz und er ist schlimm. Aber ich bin für mich da und werde den Schmerz überwinden.*“

Erst gestern Abend habe ich selbst das wieder praktiziert, nach einem stressigen Pflegetag, bei dem mal wieder gar nichts geklappt hat. Ich fühlte mich schlecht, nachdem ich meine Mutter geduscht und ins Bett gepackt hatte, und mein Kopf war voll mit Eindrücken des Tages. Zunächst wollte ich mich einfach nur ins Bett verkriechen, doch dann bemerkte ich draußen den Abendhimmel und blickte in ein strahlendes Firmament. Spontan zog ich meine Jacke an und ging in den Garten. Dort legte ich meine Hand auf die Brust und blickte nach oben in den Sternenhimmel. Ich sprach zu mir: „*Ja Nicole, das war ein unglaublich schwieriger Tag, und wieder einmal bist du an deine Grenzen gekommen. Doch du hast es geschafft, und es werden wieder bessere Tage kommen. Das werden Tage sein, in denen du dich kraftvoll fühlst und spürst, dass du mit deinem Tun etwas Gutes bewirken kannst.*“ So stand ich eine Weile, atmete tief durch und betrachtete den Himmel über mir. Ich ließ die Weite auf mich wirken und spürte eine enorme Ruhe. Nachdem ich dort etwa 20 Minuten gestanden hatte, ging ich innerlich gefestigt ins Haus und schlief bis zum nächsten Morgen durch.

Was ebenfalls stärkend in jeder (nicht nur familiären) Beziehung wirkt, ist das Gefühl von *Vertrauen*. Wenn ich aufrichtig vertraue, bin ich einem anderen Menschen zugewandt und verlasse mich auf diese Person. Ich weiß, dass da jemand ist, bei dem ich mich fallen lassen kann und der mich so nimmt, wie ich in diesem Moment bin (Tischinger, 2019). Das hat nicht nur mit Vertrauen in eine andere Person zu tun, sondern genauso mit Vertrauen in uns selbst und unsere eigenen Fähigkeiten. Nur wenn wir Vertrauen in unsere eigene Person haben, können wir über uns hinauswachsen und Dinge anpacken, die wir uns zu früheren Zeiten womöglich gar nicht zugetraut hätten. Wir besitzen dann die Stärke, etwas zu wagen. Trotz unserer Angst, *mit* unserer Angst.

Sie und die Person, welche Sie pflegen, verbindet ein Gefühl der Liebe und des Vertrauens, sonst hätten Sie diese schwierige Aufgabe wahrscheinlich nicht übernommen. Das ist ganz wunderbar, denn so weiß der alte Mensch, dass er sich auf Sie verlassen kann, und Sie wissen es auch – ein wertvolles Geschenk für Sie beide, welches Ihre Beziehung immer wieder zu neuer Kraft führt und Sie so manche Klippe im Pflegealltag umschiffen lassen wird. Hilfreich dafür ist immer eine gesunde Portion *Humor*, denn Humor lässt uns schwierige Situationen oftmals mit einem Augenzwinkern betrachten und nicht alles so ernst nehmen (Langfeldt-Nagel, 2011). Eine Sache aus dem Blickwinkel der Fröhlichkeit zu betrachten, bedeutet, den Tücken des Pflegealltags genauso wie den eigenen Schwächen mit einer positiven Grundstimmung zu begegnen. Denn wer sich über sich selbst oder über etwas anderes lustig machen kann, fühlt sich im Normalfall wohl. Er lächelt, schmunzelt oder brüllt lauthals los, je nach gegebener Situation. Dies kann auch eine wundervolle Brücke zu anderen Menschen sein, weil man gemeinsam das Komische betrachtet. Sie als Pflegende:r können sich und der hilfsbedürftigen Person den Alltag enorm erleichtern, wenn Sie den Blick hin und wieder auf die Absurditäten des Alltags lenken und versuchen, ein wenig Leichtigkeit in diesen einzustreuen.

Das erinnert mich an eine alte Dame, welche ich über viele Jahre betreute. Schon als wir uns kennenlernten, empfing sie mich gut gelaunt in ihrer Küche. Das Allerliebste für Frau Berner war, sich gemeinsam mit mir an den rustikalen Küchentisch zu setzen, einen Tee zu trinken und ein paar Plätzchen zu vertilgen. Da die ehemalige Verkäuferin recht tierlieb war, erzählte sie mir oft von ihren Katzen, welche früher mit ihr im Haus gewohnt hatten. Im Laufe der Jahrzehnte müssen es meines Wissens nach mindestens zehn gewesen sein, und von Angora bis Hauskatze war da alles dabei. Mit jedem Tier verband die alte Dame eine lustige Geschichte, die uns beide immer wieder aufs Neue zum Lachen brachte. Am Ende ihrer Erzählungen grinste sie spitzbübisch und machte sich stets über die mittlerweile zahlreichen in ihrem Garten verstreuten Katzengräber lustig. Sicherlich hätte sie ihre helle Freude dabei gehabt, die erschrockenen Gesichter der Baggerfahrenden zu sehen, als diese nach ihrem Ableben beim Bearbeiten des Gartens feststellten, dass sie einen regelrechten Katzenfriedhof umgruben. Das Tolle daran: Frau Berner ging mit ihren altersbedingten Einschränkungen und ihrem vermeintlich unmittelbar bevorstehenden Ableben sehr humorvoll um, was uns beide oft zum Kichern brachte und so mancher kritischen Situation die Schärfe nahm. Als sie schließlich von uns ging, vermisste ich sie sehr, weil mir ihr freundliches und immer zum Scherzen aufgelegtes Wesen fehlte.

Was Humor aber natürlich niemals machen darf, ist, jemanden zu verletzen. Wenn Sie spüren, dass der Mensch, um den Sie sich kümmern, mit seinen Gefühlen hadert und nur schlecht mit einer Situation zurechtkommt, ist ein Witz darüber sicherlich die denkbar schlechteste Art, zu reagieren. Lieber nehmen Sie die Person in den Arm, zeigen ihr damit, dass Sie sie verstehen, und sprechen ihr aufmunternd zu. Das Gleiche gilt übrigens für Sie selbst. Wenn Sie merken, Ihnen ist alles zu viel, hilft es nicht, sarkastisch zu werden oder sich über die eigenen Missgeschicke lustig zu machen. Lieber suchen Sie sich eine nahestehende Person, der sie Ihre negativen Empfindungen mit aller Ernsthaftigkeit anvertrauen können (neben anderen Familienangehörigen können das im Zweifel genauso Psycholog:innen, Seelsorger:innen oder professionelle Angehörigengruppen sein), und gehen Ihren Weg anschließend gestärkt weiter.

Biografischer Blick

Wenn Sie mit dem Leid eines anderen Menschen konfrontiert sind, hilft es nichts, im gleichen Maße mitzuleiden. Lieber zeigen Sie Mitgefühl und spenden der Person durch Ihre Liebe und Zugewandtheit Kraft. In der lebensgeschichtlichen Arbeit ist dies umsetzbar, indem Sie der betroffenen Person vermitteln, dass Sie für sie da sind, ihr emotional eine Stütze sind und Orientierungshilfen bzw. Bewältigungsmöglichkeiten für die belastende Situation anbieten (Specht-Tomann, 2012).

Im vergangenen Abschnitt haben Sie erfahren, wie Sie die innere Verbundenheit zu Ihrer:Ihrem zu pflegenden Angehörigen stärken, um eine tragfähige emotionale Basis für die Pflegesituation zu schaffen. Was hierfür hilfreich sein kann, ist, liebevoll miteinander umzugehen. Jedoch weiß ich aus eigener Erfahrung, dass sich dies im Alltag und wenn die Nerven blank liegen beileibe nicht immer so leicht umsetzen lässt. Schauen wir uns deswegen an, was wir tun können, damit uns das so oft wie möglich gelingt.

Liebevoll miteinander umgehen

„Nachdem meine Frau die neuerliche Diagnose bekommen hatte, saßen wir im Auto und schwiegen. Jede:r unserer kleinen Familie war geschockt, keine:r konnte Helga trösten, so wie es in dieser Situation wahrscheinlich angemessen gewesen wäre. Da spürte ich, dass auch ich mich zunehmend ausgelaugt fühlte von den Hiobsbotschaften, die wir ständig erhielten. Doch wer, wenn nicht wir Angehörige, sollten meiner Frau denn etwas von dem Schmerz nehmen, den sie jetzt verspürte? Wer, wenn nicht wir, hatte die Gabe, sie mit hoffnungsvollen Worten aufzubauen? Das alles ging mir durch den Kopf, während ich durch das beschlagene Fenster nach draußen starrte und mit meinen eigenen Gefühlen haderte. Dann, endlich, gelang mir etwas Kleines,

Unscheinbares, das keine großen Worte brauchte: Ich legte meine Hand auf ihre. So wusste sie: Ich bin da.“

– Ein pflegender Ehemann –

Manchmal fehlen uns in schwierigen Situationen die Worte und wir hadern mit uns, wie wir unserem Gegenüber zeigen können, dass wir es unterstützen. Dem pflegenden Ehemann im Eingangszitat ist trotz seiner Hilflosigkeit etwas gelungen, was vielen Menschen schwerfällt: Er baute eine emotionale Brücke zu seiner Frau auf und vermittelte ihr das Gefühl von Geborgenheit. Dazu brauchte es nur eine ganz bestimmten Geste, welche für uns alle heilsam sein kann: die der *körperlichen Berührung*. Durch diesen Körperkontakt schuf der Mann eine Herzensverbindung, die mehr sagte als tausend Worte, denn sie vermittelte aufrichtig, dass er ihr beiseitestehen würde. Körperliche Berührungen wie diese haben eine starke Kraft und jeder Mensch sehnt sich von Anfang an danach. Denken Sie nur an die intensive Verbindung einer Mutter zu ihrem neugeborenen Kind. Wie wohltuend ist es für das Baby, zärtlich von seiner Mutter im Arm gewogen zu werden und Entspannung zu finden. Doch auch Erwachsene empfinden Hautkontakt als angenehm, alleine ein zaghaftes Streicheln reduziert Stresshormone im Körper und setzt glücklich machende Endorphine frei (von Münchhausen, 2006).

Um einem Menschen dieses wunderbare Gefühl vermitteln zu können, braucht es aber noch etwas anderes ganz Besonderes: die Fähigkeit zur *Empathie*. Empathie bedeutet, sich in eine andere Person einzufühlen und sie so sein lassen zu können, wie sie ist. Da gibt es keine Belehrungen oder gut gemeinten Ratschläge, sondern einfach ein einfühlsames Verstehen meines Gegenübers. Wer jedoch denkt, bei der Empathie gehe es nur um andere, ist falsch gewickelt. Einfühlendes Verstehen bezieht sich genauso auf uns selbst, also uns als pflegende Angehörige. Dies bedeutet zunächst einmal, dass Sie sich selbst *ohne Vorbehalte lieben und Ihre eigenen Bedürfnisse in jeder Situation ernst nehmen sollen* – selbst dann, wenn Sie sie in einem bestimmten

Moment vielleicht als „unpassend“ oder gar „übertrieben“ empfinden (De Paola, 2018). Vergessen Sie nicht: Sie sind ein Mensch mit Fehlern und genauso Qualitäten wie alle Menschen – und das ist gut so! Es macht Sie zu einer Person, welche Wertschätzung verdient hat, und zwar unabhängig von ihrem Tun oder einer wie auch immer gearteten Leistung. Nur wenn wir uns mit all unseren Selbstzweifeln, Ängsten und Befürchtungen annehmen und sie nicht wegdrücken, sind wir in der Lage, sowohl dem Menschen, den wir pflegen, als auch uns selbst aufrichtig Trost zu spenden. Im Raum der Empathie gibt es darüber hinaus kein Richtig oder Falsch, es gibt nur ein Sein-Lassen und Die-Gefühle-Annehmen.

Um dies stets aufs Neue leisten zu können, brauchen wir Zeit, ein offenes Ohr, Zuwendung und ein Verstehen der eigenen und fremden Bedürfnisse – eine *liebevolle Kommunikation* beinhaltet all diese Komponenten. In jeder menschlichen Beziehung spielt Kommunikation eine wichtige Rolle, denn wir kommunizieren immer, selbst wenn wir nichts über Worte ausdrücken. Denken Sie nur an Ihre Mimik, alleine darüber können Sie Ihrem Gegenüber schon sehr viel mitteilen (Powell, 2009). Selbst wenn Sie im Grunde wissen, wie Sie aussehen, wenn Sie ärgerlich, gelangweilt, fröhlich oder traurig sind, gilt es sich immer wieder bewusst zu machen, wie das auf die Menschen in Ihrem Umfeld wirkt. Auch durch einen Augenkontakt, Ihre Körpersprache, Gesten oder Berührungen können Sie viel vermitteln, und natürlich spielt ebenfalls der Tonfall eine nicht zu unterschätzende Rolle. Durch die Art, wie wir zu anderen sprechen (ob laut, leise, sanft, schrill usw.), vermitteln wir Gefühle – und diese reichen über Freude bzw. Aufregung bis hin zu Angst, Besorgnis oder gar Wut.

Die Herausforderung im Umgang mit älteren Personen ist meist, dass diese in ihrer Kommunikation beeinträchtigt sind, sei es zum Beispiel durch Krankheiten wie Demenz (die Person findet z. B. die Wörter nicht oder hat Probleme, sich zu erinnern) oder Parkinson (macht es für die:den Betroffene:n schwer, passende Wörter zu verstehen bzw. zu formulieren), aber ebenso durch Abbauerscheinungen wie etwa einen Verlust der Hörfähigkeit. Das macht es für mich als Pflegeperson notwendig, mich immer wieder auf die Bedürfnisse meines Gegenübers einzustellen. Vorteilhaft dabei ist, wenn ich gut über dessen Lebensgeschichte Bescheid weiß, was bei den meisten Angehörigen glücklicherweise der Fall ist. Behalte ich diese beim Kommunizieren so gut es geht im Hinterkopf, gelingt es mir eher, schmerzhafte Ereignisse der Vergangenheit zu umschiffen, um mich stattdessen lieber auf das Positive zu konzentrieren.

Besonders im Umgang mit Demenzkranken oder depressiven alten Menschen ist es unglaublich wichtig, noch vorhandene Fähigkeiten zu stärken und den Betroffenen das Gefühl zu geben, dass sie trotz ihrer Krankheit noch „etwas können" bzw. aktiv am täglichen Leben teilnehmen (Langfeldt-Nagel, 2011). Hierzu bietet es sich zum Beispiel an, positiv besetzte Vergangenheitserlebnisse (z. B. geliebte Hobbys, berufliche Tätigkeiten, Haushaltsarbeiten) in den Alltag zu integrieren und die Betroffenen mit einfühlsamer Kommunikation zu stärken. Eine alte Dame beispielsweise, welche es noch schafft, alleine Socken zu stricken, können Sie mit den Worten „*Das ist ja toll, ich bin beeindruckt, wie gut du das noch kannst*" loben, sie anlächeln oder das Werkstück bewundernd anerkennen. Auch bietet es sich an, die Gefühle der Dame in Worte zu fassen und zu sagen: „*Wow, da freust du dich aber sehr, dass du diese schöne Socke gestrickt hast, oder?*" Alleine das stärkt das Selbstwertgefühl der betroffenen Person und lenkt den Umgang miteinander in positive Bahnen. Geben Sie ihr immer wieder kleine Aufgaben, die sie trotz ihrer Einschränkung noch gut erfüllen kann und bei denen sie ein Erfolgserlebnis hat. Seien Sie nie sparsam mit Lob und richten Sie das Augenmerk lieber auf das, was noch gelingt, und nicht auf das, was die:der Betroffene nicht mehr leisten kann. Das Schöne daran ist, dass Sie als pflegende:r Angehörige:r meist den richtigen Riecher haben, wo die jeweiligen Wünsche der pflegebedürftigen Person hingehen. Sie kennen den alten Menschen und wissen um seine Fähigkeiten, Leidenschaften und/oder früheren Hobbys. Sie ahnen, wo sein Herz höher schlägt und was ihn zum Lachen bringt. Vertrauen Sie deswegen unbedingt auf Ihr Bauchgefühl und knüpfen genau da an. Konzentrieren Sie sich hingegegen auf die Dinge, welche der alte Mensch nicht mehr kann, und werten diese mit einem strafenden Tonfall, Gesten oder Worten („*Da hältst du aber den Faden falsch*“ oder „*Jetzt fällt dir das Wort schon wieder nicht ein*“ usw.) ab, sorgen Sie für Frust und Ablehnung – was sich wiederum negativ auf Ihrer beider Umgang miteinander auswirkt. Sogar schwer demenzkranke Menschen kann man noch sehr gut mit einfühlsamer nonverbaler Kommunikation (z. B. beruhigende Stimme, freundliches Lächeln, sanfte Berührung) erreichen, um das Wohlbefinden zu fördern (Powell, 2009).

Bei alledem dürfen wir uns nicht falsch verstehen, liebe:r Leser:in. Es ist nur natürlich, dass in Anbetracht unterschiedlicher herausfordernder Pflegesituationen niemand davor gefeit ist, hin und wieder einmal die Nerven zu verlieren. Kein:e Pflegende:r reagiert stets lehrbuchhaft auf schwieriges Verhalten, das wäre völlig unrealistisch. Stattdessen ist es ein offenes Geheimis, dass nicht wenige Angehörige an selbst gesetzten unrealistischen Idealvorstellungen, wie die Pflege zu sein hat, scheitern. Die Folge davon ist (Selbst-)Abwertung und Resignation – was die Pflegebeziehung schwer belasten kann (Immenschuh & Marks, 2017).

In diesem Zusammenhang muss ich an einen pflegenden Ehemann denken, dessen Frau einen sogenannten Beinkatheter (ein am Bein befestigter Beutel, welcher den Urin der pflegebedürftigen Person über einen kleinen Schlauch auffängt und so mehr Mobilität im Alltag ermöglicht) verschrieben bekam. Trotz eingehender Erklärung des Arztes bekam der Mann es morgens vor der Tagespflege einfach nicht hin, seiner Frau den Katheter richtig anzulegen. Entweder saß der Klettverschluss zu fest oder der Beutel verrutschte, was den Mann jeden Morgen zum Fluchen brachte und seine Ehefrau verunsicherte. Als nach zwei Wochen die Leiterin der Tagespflege mitteilte, dass die Betreute immer stiller wurde und der Katheterinhalt regelmäßig deren Schuh unter Wasser setzte, war der Mann mit den Nerven am Ende. Ich denke, es ist selbsterklärend, dass in dieser belastenden Situation eine einfühlsame Kommunikation nur schwer möglich war. Gemeinsam setzten wir uns also an einen Tisch und erörterten die Möglichkeiten. Zunächst bat ich den Mann, sich selbst nicht abzuwerten und stattdessen geduldig mit sich zu sein. Ich erklärte ihm, dass es unvermeidbar ist, bei einer häuslichen Pflege immer wieder an Grenzen zu stoßen, besonders wenn sich mal wieder eine neue Situation (eine Krankheitsverschlechterung usw.) ergibt und man sich darauf einstellen und etwas dazulernen muss. Das hat nichts mit Dummheit zu tun, sondern erfordert schlicht Geduld, Zeit und Übung – alles Dinge, die für jeden Menschen notwendig sind, um sich ein neues Verhalten anzueignen. Außerdem ist es nur natürlich, dass jeder Mensch in seinem Leben Fehler macht. Die meisten pflegenden Angehörigen sind Laienpfleger:innen und wissen daher vieles einfach nicht – und selbst das Fachpersonal ist vor Fehlern nicht gefeit. Der Ehemann verstand, was ich meinte, erklärte mir aber, dass ein weiteres Problem die mangelnde Zeit am Morgen wäre, weil der Fahrdienst schon so früh käme. Deshalb beschlossen wir, dass ein früheres Aufstehen wahrscheinlich sinnvoll wäre, um die Pflegetätigkeiten in Ruhe verrichten zu können. Gleichzeitig riefen wir im Sanitätshaus an, welches das Hilfsmittel geliefert hatte, und vereinbarten einen Termin für eine Einführung in das Anlegen eines Beinkatheters. Bereits am nächsten Tag kam eine freundliche Dame vorbei und erklärte dem Mann noch einmal ganz in Ruhe das Prozedere. Am Ende dauerte es vier Wochen, bis der Beinkatheter richtig saß – der Ehemann war stolz, dass er diese Aufgabe nun ohne tägliches Fluchen bewältigen konnte, und seine Frau erschien entspannter.

Um es noch einmal klar und deutlich zu sagen: Wenn Sie als Pflegende:r in eine Situation kommen, in der Sie sich überfordert fühlen, hilft es nicht, dies zu ignorieren und einfach weiterzumachen. Was sich stattdessen bewährt hat, ist, sich selbst gegenüber eine *liebevolle Haltung einzunehmen* und sich *die negativen Gefühle zuzugestehen* (Zentrum für Qualität in der Pflege, 2020b). Suchen Sie sich darüber hinaus im Bedarfsfall *fachkundige Hilfe, erzählen Sie anderen* (z. B. Freund:innen, Familie, professionellen Fachkräften) *von Ihrem Problem und planen Sie regelmäßig Entspannungszeiten ein.* Schlagen Sie gegebenenfalls auch einmal mit aller Kraft in ein Kissen, bevor Sie in Kontakt mit der hilfsbedürftigen Person treten, oder *reflektieren*

Sie schwierige Situationen im Hinblick auf ihre Ursachen (Schamgefühle, Grenzüberschreitungen, eigene oder fremde Negativerinnerungen usw.) *und mögliche Handlungsalternativen* (z. B. ein auf die Krankheit bzw. Symptomatik abgestimmter Umgang, Pflegekurse). Dazu können Sie sich beispielsweise vor Augen führen, mit welchen Dingen sich der alte Mensch gerne (bzw. nicht so gerne) beschäftigt, was ihn in Rage bringt (bzw. beruhigt) oder in welchen Fällen eine Überforderung eintritt (Langfeldt-Nagel, 2011). Wenn Sie um diese Dinge wissen, können Sie Ihren Tagesablauf bzw. Ihr Verhalten noch besser auf die Bedürfnisse der pflegebedürftigen Person abstimmen. Am Ende werden Sie feststellen, dass es für jede problematische Situation Lösungen gibt, man muss sie „nur" finden und vor allem die dafür nötige Zeit und Geduld aufbringen.

Biografischer Blick

Der Psychologe Klaus Grawe (Grawe, 2004, zitiert nach Heiland, 2018) geht von vier seelischen Grundbedürfnissen des Menschen aus: erstens *Orientierung und Kontrolle* (d. h. wir wollen so gut es geht selbstständig sein und handeln), zweitens *Beziehung* (d. h. wir wünschen uns den Kontakt zu anderen und möchten uns auf diese verlassen können), drittens *Selbstwertsteigerung/Selbstschutz* (d. h. wir möchten wertschätzend behandelt werden und falls dies nicht geschieht, werden wir uns wehren) sowie viertens *Lustgewinn bzw. Unlustvermeidung* (d. h. wir suchen nach angenehmen Erfahrungen und vermeiden schmerzhafte). Weiß ich als Pflegende:r um diese Grundbedürfnisse und berücksichtige die individuelle Persönlichkeit sowie krankheitsbedingte Einschränkungen meines Gegenübers, kann ich die Kommunikation besser steuern und die Pflegebeziehung positiv fördern.

Sinn finden in der Aufgabe

„Die Pflege meines Mannes hat mich gelehrt, bewusster zu sein und das Leben mehr zu schätzen. Diese Erfahrung möchte ich nicht missen.“
– Eine pflegende Angehörige –

Sie kümmern sich derzeit um jemanden, der auf Ihre Hilfe angewiesen ist, das heißt, Sie geben jeden Tag Ihr Bestes, um diesem vom Leben verwundeten Menschen so gut es geht ein angenehmes Dasein zu ermöglichen. Das ist eine große Leistung, die allen Respekt verdient und gewürdigt werden darf – auch von Ihnen! Ich bin sicher, selbst wenn die von Ihnen gepflegte Person nicht (mehr) dazu in der Lage ist, Ihnen mittels Worten oder Gesten zu danken, nimmt sie Sie tief in sich drin doch als einen Menschen wahr, der ihr Gutes will und auf den sie sich verlassen kann. In diesem Zusammanhang möchte ich Sie gerne etwas fragen: Wie empfinden Sie eigentlich ganz persönlich Ihre Rolle als Pflegende:r? Betrachten Sie das, was Sie leisten, als Last, als Verpflichtung, als etwas, das Ihnen mehr oder weniger unfreiwillig übergestülpt wurde? Oder pflegen Sie aus Überzeugung, ja schöpfen womöglich Kraft daraus, einem geliebten Menschen in mitfühlender Art und Weise beizustehen?

Nicht wenige Pflegende machen die Erfahrung, dass das Kümmern um ältere Familienangehörige eine Art *Sinnerleben* ermöglichen kann. Ich selbst erlebe das im Umgang mit meiner eigenen Mutter täglich. Nachdem unser aller Familienleben nach Auftreten ihres Schlaganfalls durchgeschüttelt wurde und wir uns mit den neuen Umständen arrangiert hatten, wuchs immer mehr das Bewusstsein, dass das gemeinsame Beisammensein auf dieser Welt begrenzt ist. Was vorher im regen Strom des Alltags-, Berufs- und Familienlebens ausgeblendet wurde, ließ sich nun nicht mehr leugnen: *Das Leben ist kostbar und niemand von uns weiß, wann es zuende ist.* Diese Erkenntnis führte dazu, dass unsere Familie enger zusammenwuchs und bis heute die Zeit zu schätzen weiß, die uns trotz aller Einschränkungen noch miteinander bleibt.

Was mich in dieser krisenhaften Zeit tröstet, ist, dass ich im Grunde immer eine Wahl habe, wie ich mit den an mich herangetragenen Herausforderungen umgehe. Ich kann an den Problemen verzweifeln oder versuchen, mich mit ihnen zu arrangieren, sie also zu akzeptieren und, im günstigsten Falle und nach einiger Zeit, an ihnen zu wachsen. Schon oft war die Natur mir hier ein gutes Vorbild. So komme ich bei meinen Spaziergängen regelmäßig an einer hoch gewachsenen Buche vorbei, deren Wurzeln sich um einen großen Stein schlingen. Für mich zeigt das deutlich, dass dieser Baum sich trotz des Widerstandes von seinem natürlichen Drang nach Wachstum nicht abhalten ließ. Sogar ganz im Gegenteil – anstatt den Stein zu bekämpfen, umformte er ihn und integrierte ihn als natürlichen Bestandteil seines Lebens. Auf diese Art und Weise möchte ich die häusliche Pflege und das Schicksal meiner Mutter gerne ebenfalls betrachten. Als etwas, das mich als Angehörige zwar fordert, mir aber genauso die Gelegenheit gibt, stärker zu werden, indem ich mit meiner Liebe und meinen Fähigkeiten für eine andere Person da bin. Dr. med. Thomas Bergner (2016, S. 278) beurteilt das ähnlich. Er schreibt:

> „Unser Leben empfinden wir dann als sinnvoll, wenn unser Tun einen Bezug zum Ganzen hat und es einem Ganzen oder Höheren dient, wenn wir einen Beitrag leisten, gebraucht werden, einen Platz haben und einnehmen, kurz: wenn es einen Unterschied macht, ob wir da sind oder nicht."

Sie, liebe:r Leser:in, machen genauso wie ich und alle anderen Pflegenden auf dieser Welt einen ganz bedeutenden Unterschied: Wir alle spenden einer hilfsbedürftigen Person menschliche Nähe, Fürsorge und Zuversicht. Wir alle helfen, den Pflegealltag trotz Widrigkeiten positiv zu gestalten, was dem von uns betreuten Menschen und genauso uns selbst zugutekommt. Der Lohn für diesen Einsatz ist ein gutes Gefühl, Sinnerleben und Glück – verursacht durch den liebevollen Dienst an unserer:unserem Nächsten. Wahrscheinlich ahnen Sie es schon: Dass Helfen glücklich macht, ist sogar wissenschaftlich belegt. Sich mit ganzem Herzen für andere zu engagieren fördert die *Verbundenheit* und vermittelt das Gefühl, *gebraucht zu werden* (Wischhof, 2021). Das ist kein Wunder, denn durch unser Tun bewirken wir etwas Gutes; wir schaffen es, dass es unserem Gegenüber besser geht. Gleichzeitig spüren wir nicht selten dessen *Dankbarkeit* bzw. *Anerkennung*, was wiederum unser *Selbstwertempfinden* stärkt. Und oft erkennen Menschen sogar einen höheren *Sinn* in der Fürsorge für einen anderen.

Bei diesem Thema muss ich an eine Klientin von mir denken. Sie pflegte ihren schwerkranken Mann schon seit Längerem zu Hause. Da er mit den Jahren körperlich immer mehr abbaute, waren beide mehr oder weniger an das Haus gefesselt. Was mich überraschte, war, dass meine Klientin trotz alledem versuchte, das Beste aus der Situation zu machen. Es schien, als würde diese Frau die Krankheit ihres Mannes auf eine ganz besondere Art und Weise annehmen. Nur selten geriet sie aus dem Konzept, meist nahm sie krankheitsbedingte Rückschläge und den damit verbundenen steigenden Pflegeaufwand so gut es ging hin. Als ich sie eines Tages fragte, wie Sie es schaffe, nicht aufzugeben, antwortete sie:

> „Die Pflege meines Mannes zeigt mir, dass es in mir etwas gibt, was ihm diesen schweren Weg erleichtern kann. Ich kann ihm meine Liebe und Zuneigung schenken und für ihn da sein. Trotz aller Erschwernisse spüre ich immer noch unsere Verbundenheit und bin dankbar, dass wir 60 gemeinsame Jahre erleben durften. Die Dankbarkeit für diese Zeit lässt mich den Schmerz über diese schwierige Zeit leichter annehmen. Dafür kämpfe ich. Tag für Tag."

Eine bewundernswerte Haltung, nicht? Diese Frau erfreute sich eine lange Zeit am gemeinsamen gesunden Beisammensein mit ihrem Mann und nutzte genau dieses Erlebte als Ressource für die Lebensphase, in der sie beide das nicht mehr hatten.

Dennoch ist mir bewusst, dass es im mitunter nervenraubenden Pflegealltag manchmal schlicht darum geht, den Tag zu überstehen und sich in der Fülle der Aufgaben nicht zu verlieren. So etwas wie ein höheres Sinnempfinden ist da oftmals nur schwer fassbar. Trotzdem berichten viele pflegende Angehörige davon, im Rückblick an der Pflegesituation gewachsen zu sein. Betrachte ich wieder meine eigene Pflegesituation, kann ich bestätigen, dass mich diese Erfahrung tatsächlich reifer gemacht hat. Ich habe mir Kenntnisse bzw. Fähigkeiten angeeignet, die ich vorher nicht hatte, und kam in Kontakt mit großartigen Menschen, die ich ohne die Pflegebedürftigkeit meiner Mutter niemals kennengelernt hätte. So haben wir zum Beispiel seit Jahren guten Kontakt zu einer polnischen Pflegehilfskraft, die meinen Vater und mich tatkräftig bei der Pflege unserer Mutter unterstützt. Mittlerweile hat sich daraus eine enge Beziehung entwickelt, die keiner von uns mehr missen möchte. Meine Mutter blüht regelrecht auf, wenn die Pflegerin kommt und sie mit ihren Scherzen und ihrer fröhlichen Art zum Lachen bringt. Darüber hinaus ist unser Hausarzt ein ganz wundervoller Ansprechpartner, er unterstützt uns in jeglichen Belangen, macht uns Mut und hat immer einen Schwank auf den Lippen – das ist unsagbar wertvoll. Auch das Personal der Tagespflege, die meine Mutter zweimal wöchentlich besucht, ist sehr inspirierend. Dort arbeiten Menschen, die sich mit ganzem Herzen für pflegebedürftige Senior:innen einsetzen – und das spürt man in jedem Wort bzw. jeder Geste.

Unabhängig davon gehe ich nicht so weit, dem Schicksal für diesen Umstand zu danken. Totzdem gab und gibt es nicht wenige positive Aspekte, die aus dieser Schicksalserfahrung erwachsen sind. Michael Tischinger (2022, S. 96) drückt es so aus:

> „Gerade aus leidvollen Erfahrungen können sehr heilsame Veränderungen entstehen. Wir können dadurch neue Erkenntnisse gewinnen, ganz neue Perspektiven einnehmen, neue Werte definieren und unserem Leben eine Wendung geben. Insbesondere kann die Erfahrung des eigenen Leids unsere Fähigkeit, Mitgefühl zu emp-

finden, stärken. Mitgefühl für uns selbst, für unsere Mitmenschen wie für andere Wesen, denen wir uns durch die Erfahrung des Leids auf neue Weise verbunden fühlen können."

Es gibt sogar Menschen, die sich nach dem Tod der pflegebedürftigen Person noch weiter für andere engagieren, so wie die soeben erwähnte Klientin, welche nun in einem nahe gelegenen Altenheim aktiv ist. Sie verriet mir, dass mitunter ihr Glaube für sie während der ganzen schwierigen Zeit ein sinnstiftender Anker war. Das Vertrauen in Gott und eine höhere Macht führte sie von der anfänglich leidvollen Frage nach dem *Warum* Schritt für Schritt zu einem sinnstiftenden *Wozu*. Auch durch ihre neue Arbeit im Altenheim erkannte sie, dass es selbst im tiefsten Leid Momente der Freude und Zuversicht gibt. Ganz so, wie es in einem Gedicht von Khalil Gibran (2014, S. 31) zum Ausdruck kommt, welches ich hier gerne auszugsweise zitieren möchte:

„Eure Freude ist euer entschleiertes Leid.
Und derselbe Brunnen, dem euer Lachen entsteigt,
war oftmals mit Tränen gefüllt.
Und wie könnte es auch anders sein?
Je tiefer sich jenes Leid in euer Wesen gräbt,
desto mehr Freude könnt ihr fassen.
Ist nicht der Becher, der euren Wein enthält,
derselbe Becher, der im Töpferofen glühte?
Und ist nicht die Laute, die eure Seele erfreut, eben das Holz,
das Messerklingen höhlten?
Wenn ihr glücklich seid, blickt tief in euer Herz,
und ihr werdet erkennen, dass gerade das, was euch leiden ließ,
euch jetzt Freude schenkt."

Die Frage nach dem Wozu stellen viele, die nach einem ihnen widerfahrenen Leid auf der Suche nach einem höheren Sinn sind (Yancey, 2002). Die Antwort auf diese Frage ist stets individuell, da es darauf ankommt, was der jeweilige Mensch daraus macht. Jedoch ist sie auch immer eine, welche die Weichen für ein komplett neues Leben (und Wirken) stellen kann. Wer zum Beispiel an eine höhere Macht glaubt, die den Menschen in schwierigen Zeiten trägt und ihn durch sie hindurch geleitet, fühlt sich beschützt und ist so möglicherweise besser in der Lage, Schicksalsschläge zu meistern. Doch Glaube hin oder her: Wichtig ist die Hoffnung, dass sich die Situation verwandeln und am Ende doch noch zu etwas Gutem führen kann. Ganz im Sinne des tschechischen Dramatikers, Essayisten, Menschenrechtlers und Politikers Václav Havel, welcher überzeugt war:

> „Hoffnung ist nicht die Überzeugung, dass etwas gut ausgeht, sondern die Gewissheit, dass etwas Sinn hat, egal wie es ausgeht.“

Doch noch einmal kurz zurück zum Glauben: Für die *Religiösen* unter Ihnen bietet es sich an, in Form eines Rituals regelmäßig zu Gott (oder einer höheren Macht) zu sprechen. Einen guten Einstieg zum Beten bildet das bekannte „Gelassenheitsgebet“ von Reinhold Niebuhr. Es lautet:

> „Gott, gib mir die Gelassenheit, Dinge hinzunehmen,
> die ich nicht ändern kann,
> den Mut, Dinge zu ändern, die ich ändern kann,
> und die Weisheit, das eine vom anderen zu unterscheiden.“

Sind Sie und die pflegebedürftige Person beide gläubig, integrieren Sie diese hilfreiche Ressource regelmäßig in Ihren Pflegealltag. So kann zum Beispiel ein alter Mensch, der früher gerne die Kirche besuchte, alleine durch den Geruch von Weihrauch, den Blick in eine Kerze oder das Vernehmen von sakralen Gesängen sehr leicht in einen Zustand der Glückseligkeit zurückversetzt werden (von Münchhausen, 2006). Im Falle von Bettlägerigkeit bietet es sich an, zu festen Zeiten mit der Person Radiopredigten anzuhören oder sich die Übertragungen im Fernsehen anzuschauen. Dieser gemeinsam gelebte Glaube kann eine große Kraft darstellen, die allen Beteiligten ein Gefühl von Liebe und Sinnerleben vermittelt. Sollten Sie nicht an Gott oder eine höhere Macht glauben, ist das natürlich genauso in Ordnung – *jede:r schöpft aus anderen Quellen Kraft* und erfährt für ihr:sein Leben Zuversicht. Man muss nicht glauben, um ein liebevoller, authentischer und altruistischer Mensch zu sein, der durch sein Tun und Sein Sinn im Leben erfährt. Bleiben Sie deshalb bitte immer authentisch und verbiegen Sie sich nicht zu etwas, hinter dem Sie nicht stehen können. Es wäre weder für Sie noch für die pflegebedürftige Person sinnvoll.

Biografischer Blick

Krisen sind oft gute Lehrmeisterinnen, die unsere psychische Widerstandskraft stärken können. Wenn wir Krisen gut meistern (d. h. wir überstehen sie nicht nur „irgendwie", sondern bilden hilfreiche Erkenntnisse bzw. Fähigkeiten aus), verfügen wir über ein gutes Rüstzeug für die Zukunft. Positiv bewältigte Krisen befähigen uns, Zugang zum Leid anderer Menschen zu finden und das Leben insgesamt bewusster zu betrachten. Sie stärken uns in unserem Sein und formen uns zu mitfühlenden Wesen (Tischinger, 2022).

In diesem Abschnitt haben wir gesehen, dass gelebter Altruismus viele positive Aspekte birgt, welche für Pflegende eine starke Triebfeder sein können. Trotzdem ist es unabdingbar, sich darüber hinaus noch weitere Kraftquellen zu erschließen, welche durch die schöne und gleichzeitig höchst anstrengende Zeit mit einer hilfebedürftigen Person geleiten. Diese emotionalen Rückzugsorte schützen unsere Seele vor Belastungen, die im Pflegealltag naturgemäß immer wieder auftreten werden. Finden wir im nächsten Abschnitt heraus, welche Kraftquellen das für Sie ganz persönlich sein könnten.

Individuelle Kraftquellen nutzen

> *„Ich liebte es, Donnerstagabend im Chor zu singen. Dort traf ich Gleichgesinnte und konnte mich ablenken, zumindest für diese Stunde. Ich glaube, das hat mich durch die ganze Zeit getragen."*
>
> *– Ein pflegender Angehöriger –*

Ohne Ihre spezielle Situation zu kennen, vermute ich doch, dass Sie stark in diverse Pflegeaufgaben eingebunden sind. Vielleicht stehen Sie bereits morgens um sechs Uhr auf, um Ihre Kinder für die Schule und Ihre Mutter für die Tagespflege vorzubereiten. Oder Sie telefonieren mit Behörden, Ärzt:innen und Therapeut:innen, während gleichzeitig die gestresste Frau vom Pflegedienst klingelt. Genauso kann es sein, dass Sie neben Ihrem Bürojob die Wocheneinkäufe tätigen, das Laub im Garten zusammenrächen und gleichzeitig der Eintopf auf dem Herd vor sich hinbrodelt. Das regelmäßige Trostspenden und Da-Sein für den alten Menschen sowie Ihre eigenen Ängste, Sorgen und Nöte fließen ebenfalls in diese Drucksituation mit hinein. Es ist eine enorme Anspannung, unter der Sie da stehen, denn der Dreh- und Angelpunkt der häuslichen Versorgung sind wahrscheinlich Sie. Manche vergleichen das mit einem Dampfkochtopf, der kurz vor dem Explodieren steht. Ein älterer Mann stellte vor Kurzem desilliusoniert fest:

> „Seitdem meine Frau dement ist, habe ich die doppelte Arbeit. Das, was wir uns früher untereinander aufgeteilt hatten, den Haushalt, den Garten oder die Einkäufe, bleibt nun alles an mir hängen – sie kann es ja wegen ihrer Krankheit nicht mehr machen. Letztes Mal hat sie einen Braten gekocht, den hat sie früher eigentlich im Schlaf hinbekommen. Als sie mit einer Säge das Fleisch zerkleinern wollte, wusste ich, das geht jetzt ebenfalls nicht mehr."

Ich weiß nicht, wie genau Ihre Belastungen aussehen und in welchem Umfang Sie für die Pflege eingespannt sind. Ich kann mir aber vorstellen, dass Sie nicht wenig leisten müssen. Umso notwendiger für Ihre Gesundheit sind *regelmäßige Auszeiten*. Nehmen Sie diese Zeiten bitte wichtig, nehmen Sie *sich* wichtig, denn solche Entspannungsphasen sind *notwendig*, damit Ihre Seele wieder aufatmen kann (von Münchhausen, 2006). Dies sollten Auszeiten sein, in denen niemand etwas von Ihnen will oder Sie etwas tun oder erledigen müssen. Um herauszufinden, in welcher Form Ihre Seele sich Auszeiten wünscht, ist es hilfreich, wenn Sie in einem ruhigen Moment in sich gehen und sich fragen, wie Sie gerne entspannen möchten. Gibt es etwas in Ihnen, das sich nach einer bestimmten Tätigkeit oder einem Ritual sehnt? Nicht jeder Mensch ist gleich und findet in denselben Dingen Entspannung. Zum Glück gibt es eine Vielzahl von Möglichkeiten, wie die Seele und der Körper Erholung finden können. Das mag die kurze Runde im Park sein, ein erholsames Bad oder der Lieblingsfilm, welchen Sie schon lange einmal wieder gucken wollten. Genauso kann es eine klassische Oper, ein guter Krimi bzw. das Legen eines Puzzles sein. Oder aber Sie lernen eine Fremdsprache, malen, besuchen eine Ausstellung usw.

Es ist wissenschaftlich erwiesen, dass beispielsweise die Beschäftigung mit *Bildender Kunst* unsere Stimmung heben und Zuversicht vermitteln kann. *Literatur* hingegen lenkt unsere Aufmerksamkeit von den Belastungen des Alltags weg hin zu dem, was gerade gelesen wird. *Musik* führt dazu, dass unser Körper Glückshormone ausschüttet, ein *Aufenthalt in der Natur* vermittelt uns Stille und *konzentriertes Tun* (wie z. B. beim Schreiben oder Basteln) bündelt unsere Kräfte auf den Gegenstand unseres Interesses. Auf diese Art und Weise rücken Sorgen immer mehr in den Hintergrund und Sie fühlen sich entspannter.

Die Grundvoraussetzung, um all diese Dinge als Pflegende:r wahrnehmen zu können, ist ausreichend Zeit und das Wissen, dass Ihr:e pflegebedürftige:r Angehörige:r gut versorgt ist (wie Sie das in der Praxis organisieren können, betrachten wir in Kapitel 5 dieses Buches). Denn gehetzt und mit unterschiedlichsten Befürchtungen im Kopf ist es für niemanden möglich, den Duft einer Blume zu genießen oder sich eine wohlschmeckende Mahlzeit auf der Zunge zergehen zu lassen. Riechen, schmecken, betrachten, fühlen oder hören Sie das, was Ihnen guttut, und geben Sie sich diesem Moment voll und ganz hin – so oft es geht und ohne Ablenkung von außen bzw. schlechtes Gewissen.

Neben vorgenannten Entspannungsoptionen erleben es viele Pflegende als heilsam, in *Kontakt mit anderen* zu kommen (Bundesarbeitsgemeinschaft der Senioren-Organisationen e. V., 2019). Erst vor Kurzem führte ich ein Gespräch mit einer 54-jährigen Pflegenden, welches mich sehr betroffen machte. Die Geschäftsfrau klagte darüber, dass sie sich einsam fühle, weil sie neben dem Job nur noch pflege und ihre Freundinnen vernachlässige. Das frustrierte sie so sehr, dass sie in Tränen ausbrach.

Leider ist diese Erfahrung kein Einzelfall, denn ein zunehmender Verlust von sozialen Kontakten ist die große Gefahr bei einer häuslichen Pflege. Das verwundert nicht, denn zeitliche Kapazitäten sind begrenzt und manchmal fehlt es schlicht und ergreifend an der Kraft, noch einmal das Haus zu verlassen oder den Telefonhörer in die Hand zu nehmen. Genauso ist das Umfeld (Freundinnen und Freunde, Kolleg:innen usw.) nicht selten unsicher, wie es mit Ihrer belastenden Situation umgehen soll, und verzichtet auf Einladungen und Vorschläge bezüglich der Freizitgestaltung, um nichts Falsches oder Verletzendes zu sagen. Trotz alledem oder gerade deswegen kann ich an dieser Stelle nicht genug betonen, dass *soziale Kontakte eine der wichtigsten menschlichen Ressourcen überhaupt* darstellen. Sie helfen uns, Freude und Wertschätzung zu erfahren sowie schwierige Zeiten wie die einer Pflege durchzustehen. Vor allem das Beisammensein mit *vertrauten Personen* vermittelt ein Gefühl von Geborgenheit und kann Ängste sowie Anspannungen vermindern. Das können Kontakte unterschiedlicher Art sein. So können Sie zum Beispiel mit Freund:innen Ablenkung in Form von gemeinsamen Aktivitäten suchen oder sich über Pflegethemen austauschen. Stellen Sie fest, dass Ihr persönliches Umfeld mit dieser Art Gesprächsstoff überfordert ist, macht es wahrscheinlich Sinn, sich einer *Angehörigengruppe* anzuschließen. Dort können Sie auf gleicher Ebene sprechen und von den Erfahrungen anderer profitieren.

Für manche Pflegende bietet es sich darüber hinaus an, sich professionellen Beistand zu suchen. Dies können *Seelsorger:innen, Pflegeberater:innen* oder *Psychotherapeut:innen* sein. Gerade Letztere geben Ihnen aus einer objektiven Perspektive heraus Ratschläge und leisten individuelle Unterstützung beim Umgang mit Kummer und Sorgen.

Wer sich gerne schreibend entlastet, kann im Netz Hilfe erhalten, beispielsweise durch die von der Hilfsorganisation „Zentrum Überleben" angebotene Onlineberatung „www.pflegen-und-leben.de". Diese Plattform bietet Austausch und Beratung von Fachleuten sowie eine Vielzahl von nützlichen Tipps für die Bewältigung des Pflegealltags. Ich selbst habe es ausprobiert und mit einer Psychologin regelmäßig geschrieben. Sie gab mir viele sinnvolle Tipps an die Hand, wie ich mit der belastenden Situation besser umgehen kann. Wer nicht gerne schreibt, kann alternativ eine Videosprechstunde buchen – und das alles kostenlos und bei Bedarf anonym.

Eine letzte hilfreiche Beziehung ganz anderer Art möchte ich ebenfalls noch erwähnen: diejenige zu *Tieren*. Samptpfoten, Schnuffelnasen & Co schaffen es oft, ein Gefühl von Sicherheit und Vertrauen zu vermitteln, vorausgesetzt, wir empfinden Tiere als positiv und haben keine schlechten Erfahrungen mit ihnen gemacht. Gerade Menschen mit Behinderung fühlen sich durch dieses Wesen oft umfassend angenommen und geliebt, weil es keine Vorurteile hat und den Menschen so annimmt, wie er ist. Und gerade das ist wahrscheinlich etwas, was sich jeder von uns in seinem tiefsten Innersten wünscht. Außerdem sorgt alleine schon die Anwesenheit einer pelzigen Freundin bzw. eines pelzigen Freundes dafür, dass der Blutdruck sinkt und das Stressempfinden nachlässt. Autorin Monika Höhn, selbst pflegende Angehörige, erklärt in ihrem Buch „Häusliche Pflege … und sich selbst nicht vergessen" (1995, S. 74):

> „Tiere reizen zum Lachen, zum Spielen, zum Sich-Bewegen, sie lösen Gefühle freudiger Erregung aus und bewirken Reaktionen im Organismus, die der Mensch als beglückend empfindet. Tiere können für Entspannung sorgen, und es wurde nachgewiesen, dass der

Gesichtsausdruck sich verändert, wenn man mit einem Tier spricht oder es streichelt. Die Muskeln entspannen sich, Augenbrauen und Augengegend verändern sich und auch die Mundwinkel zeigen weniger Anspannung, die Stimme wird beim Sprechen mit dem Tier weicher, die Stimmlage höher."

Diese Erfahrung kann ich bestätigen, im Haushalt meiner Eltern lebt seit vielen Jahren eine Katze, die uns allen eine kraftvolle Helferin ist. Wenn sie bei meiner Mutter aufs Bett springt und sich kraulen lässt, strahlt diese ohne viel Zutun. Vielleicht haben Sie selbst ja eine ähnliche tierische Begleitung, die Ihnen in schwierigen Zeiten Trost spendet? Falls nein und Sie auf den Geschmack gekommen sind oder bereits länger darüber nachdenken, sich ein Haustier anzuschaffen, werden Sie sicher in einem Tierheim in Ihrer Nähe fündig.

Was ebenfalls hilfreich sein kann, um Entspannung zu finden, sind Rituale. Ich habe sie in diesem Buch schon einmal erwähnt. Bereits Aristoteles erkannte das, denn er stellte fest:

„Du bist, was du zum wiederholten Mal tust."

Diese Handlungen, welche sich stets wiederholen, sind etwas Kostbares, was es zu bewahren gilt und uns gut durch schwierige Zeiten helfen kann. Rituale schaffen es, Trost und Geborgenheit zu schenken, wenn sie am dringendsten benötigt werden. Sie fördern unser allgemeines Wohlbefinden und lassen uns in einem Pflegealltag, in dem oft genug Unvorhergesehenes geschieht, zur Ruhe kommen, zusammen mit anderen ausgeführt stärken sie zudem unsere Verbundenheit. Dieses kleine Stück Vergangenheit, in die Gegenwart transportiert, garantiert eine Beständigkeit, welche zeigt, dass durch eine Pflegesituation nicht alles Liebgewonnene aus dem früheren Leben verloren gegangen sein muss.

Hier denke ich ganz besonders an eine ehemalige Klientin, welche mir das vor Jahren lebhaft vor Augen führte. Für diese ältere Dame war es enorm wichtig, die Wocheneinkäufe für sie und ihre Schwester (beide wohnten in einer gemeinsamen Wohnung und eine kümmerte sich um die andere) gemeinsam mit mir immer an einem Freitag zu erledigen. Wer schon einmal am Freitag eingekauft hat, weiß, dass die Menschenschlange an der Kasse an diesem Tag deutlich ausgeprägter ist als etwa an einem Dienstag, weshalb meine Klientin und ich oft sehr lange anstehen mussten. Als ich eines Tages die unbedarfte Frage stellte, ob wir den Einkauf nicht an einem weniger umkämpften Tag tätigen könnten, blickte mich die alte Dame nur entsetzt an. Sie meinte:

> „Nein, nein, Frau Lindner, das kommt gar nicht infrage! Ich habe immer schon freitags eingekauft, das ist schon seit Jahrzehnten so. Außerdem freue ich mich schon die ganze Woche darauf, mit Ihnen am Freitag in diesen Laden zu fahren und ein paar andere Gesichter als das meiner pflegebedürftigen Schwester zu sehen."

Durch diese Aussage konnte ich nachvollziehen, dass für die alte Dame hier offenbar emotionale Gründe über den praktischen standen. Und es stimmt ja: Eine liebgewonnene Gewohnheit (ein schönes Lied hören, ein gemeinsames Frühstück mit Zeitung(-vor-)lesen, gemeinsames Spielen usw.) kann *Kraft spenden* und, so andere daran beteiligt sind, unsere Bindungen stärken. Gleichzeitig stellt sie eine angenehme *Unterbrechung des Alltags* dar und schafft *Stabilität* (von Münchhausen, 2006). Liebgewonnene Gewohnheiten sind ganz besondere Momente, die es ermöglichen, ein paar Minuten innezuhalten und wieder zu sich selbst zu kommen.

Ebenfalls gut in den Pflegealltag einzubinden sind *kleine Lebenszeitperlen* wie der morgendliche Tee (oder Kaffee), das bewusste Wahrnehmen des Duschwassers, ein Nachmittagsnickerchen, das Lieblingshörbuch zum Einschlafen usw. Das alles macht Pflegende stark für die Aufgabe, welche sie tagtäglich leisten – und kann verhindern, dass sie innerlich ausbrennen.

Unabhängig von diesen kleinen Alltagsfreuden möchte ich Ihnen aber trotzdem gerne noch nahelegen, so oft wie möglich *längere Auszeiten* in Anspruch zu nehmen, das heißt, die Versorgung des pflegebedürftigen Menschen frühzeitig zu organisieren (z. B. mithilfe von Kurzzeit- oder Verhinderungspflege) und an einen schönen Ort zu fahren oder auch eine Kur zu machen (siehe den Abschnitt „Auf Rückengesundheit und Ausgleich achten“ in Kapitel 2), um Abstand zu gewinnen. Denn zu Hause zu pflegen und sich immer wieder stundenweise freizumachen bzw. von ambulanten Kräften unterstützen zu lassen, ist eine Sache, eine längere Auszeit eine ganz andere. Manchmal tut es einfach gut, komplett rauszukommen und sich frischen Wind um die Nase wehen zu lassen, ganz besonders, wenn man außerordentlich viel Zeit im Haushalt der pflegebedürftigen Person verbringt und wenig anderes sieht. Versuchen Sie es, ich bin sicher, Ihr Körper und Ihre Seele werden es Ihnen danken.

Biografischer Blick

Gewohnheiten bzw. Rituale sind ein wichtiger Teil unserer Lebenskultur. Sie ermöglichen uns eine Auszeit und vermitteln uns ein Gefühl von Heimat und Geborgensein. Dies zieht sich wie ein roter Faden durch unsere Biografie und ist in jedem Alter ein wichtiger Teil unserer Identität. Besonders in der Altenpflege werden liebgewonnene Rituale und Gewohnheiten gerne berücksichtigt. Sie führen dazu, dass der alte Mensch sich wohler fühlt und in seiner Lebensfreude gestärkt wird. Das wiederum erleichtert den Alltag und intensiviert die Bindung zur Pflegeperson.

In den vergangenen drei Kapiteln haben Sie erfahren, wie Sie sich etwas Gutes tun können, um die häusliche Pflege möglichst lange leisten zu können. Hierzu zählt auch eine Reihe an Hilfsangeboten, auf die pflegende Angehörige ein Anrecht haben. Viele nehmen diese aber nicht in Anspruch, weil sie gar nicht wissen, wie sie sich konkret in den Alltag einbinden lassen. Lieber verrichten sie die Pflege komplett alleine, auch aus der Unsicherheit heraus, was es überhaupt an Hilfsmöglichkeiten gibt. Im folgenden Kapitel dieses Buches stelle ich Ihnen vor, welche Leistungen Sie von der Pflegekasse erwarten können und welche zusätzlichen Alternativen es gibt. Lassen Sie uns auf die Reise ins Unbekannte gehen, denn Sie werden sehen: Dieses Wissen ist Gold wert.

4 Finanzierung der Pflege, Betreuungsmöglichkeiten und Hilfen für pflegende Angehörige

Leistungen der gesetzlichen Pflegeversicherung

Dieser und die folgenden beiden Abschnitte sind sehr wichtig für Sie als pflegende:r Angehörige:r, denn sie zeigen Ihnen auf, welche Hilfen Sie im Zuge einer ambulanten oder häuslichen Pflegesituation erwarten dürfen. Leider wissen viele Pflegende gar nicht, welche Leistungen ihnen zustehen, oder sie scheuen sich, aus welchem Grund auch immer, sie in Anspruch zu nehmen. Um der hohen Anforderung, einen hilfsbedürftigen Menschen zu versorgen, gerecht werden zu können, braucht es aber zwingend das Wissen um Hilfsmöglichkeiten, welche die Pflege erleichtern. Denn oft scheitert es am Finanziellen, wenn Betroffene keine externe Hilfe in Anspruch nehmen, obwohl sie diese vielleicht bräuchten.

Die nachfolgenden *Leistungen der sozialen Pflegeversicherung* sind eine sinnvolle Unterstützung für Pflegebedürftige und deren Angehörige. Sie können diese Leistungen bei der Pflegekasse der Person, welche Sie pflegen, beantragen (unterschrieben entweder durch die:den Betroffene:n selbst oder durch Sie als Bevollmächtigte:r). Doch zunächst stellt sich wahrscheinlich erst einmal die Frage, wer in unserem Land überhaupt als pflegebedürftig gilt. Eine Antwort findet sich im Sozialgesetzbuch (SGB) XI (2022), genauer in § 14 Abs. 1. Sie lautet:

> „Pflegebedürftig im Sinne dieses Buches sind Personen, die gesundheitlich bedingte Beeinträchtigungen der Selbstständigkeit oder der Fähigkeiten aufweisen und deshalb der Hilfe durch andere bedürfen."

Doch das ist nicht alles. Das Gesetz führt weiter aus, dass damit Personen gemeint sind, die *körperliche, kognitive oder psychische Beeinträchtigungen nicht alleine ausgleichen können*, ferner muss die *Pflegebedürftigkeit voraussichtlich mindestens ein halbes Jahr bestehen* und eine bestimmte Schwere (vergleiche SGB XI, 2022, § 15) betragen. Sind diese Voraussetzungen für Leistungsansprüche aus der sozialen Pflegeversicherung erfüllt, wird der sogenannte *Medizinische Dienst* von der Pflegekasse beauftragt, ein Gutachten (siehe Abschnitt „Erste organisatorische Schritte" in Kapitel 1) zu erstellen, welches die Beeinträchtigung der Selbstständigkeit im Alltag ermittelt (Stadt Regensburg Seniorenamt, 2022). Aus diesem Gutachten ergibt sich der *Grad der Pflegebedürftigkeit*, der von Stufe 1 (gering) bis 5 (schwer) reichen kann. Basierend auf der Höhe des festgestellten Pflegegrades bemessen sich schließlich die Leistungen der sozialen Pflegeversicherung.

Da es immer wieder Neuerungen gibt und die Leistungen sich ändern können, verzichte ich in diesem Abschnitt bewusst darauf, konkrete Beträge zu nennen. Eine aktuell gehaltene Übersicht aller der pflegebedürftigen Person zustehenden Geld- und Sachleistungen erhalten Sie auf der Website des Bundesministeriums für Gesundheit (www.bundesgesundheitsministerium.de) unter dem Stichwort „Leistungen der Pflegeversicherung" bzw. in den jeweiligen Gesetzbüchern. Zusätzlich hat das Ministerium ein Bürgertelefon (erreichbar unter der Nummer: 030 – 340 606 602) eingerichtet, dessen Mitarbeiter:innen Sie gerne zu den einzelnen Leistungen der Pflegeversicherung beraten. Die wichtigsten seien im Folgenden kurz aufgeführt:

Pflegesachleistung (Rechtsgrundlage § 36 SGB XI)

In SGB XI (2022, § 36) steht, dass Pflegebedürftige der Pflegegrade 2 bis 5 bei häuslicher Pflege ein Anrecht darauf haben, im Bereich Körperpflege, Betreuung und Haushaltsführung Unterstützung in Form einer Sachleistung zu erhalten. Der Begriff „Sachleistung" bedeutet, dass die häusliche Pflegehilfe durch einen zugelassenen Pflegedienst erfolgt, dieser kann direkt mit der Pflegekasse abrechnen (Müller et al., 2019). Viele Pflegebedürftige nutzen diese Möglichkeit gerne, da sie mit den Abrechnungsmodalitäten zwischen Pflegedienst und Pflegekasse meist nicht belastet sind. Unabhängig davon kann die Pflegesachleistung aber auch mit dem Pflegegeld (siehe unten) kombiniert werden, das wäre dann eine sogenannte Kombinationsleistung (SGB XI, 2022, § 38).

Pflegegeld (Rechtsgrundlage § 37 SGB XI)

Das Pflegegeld (bei Pflegegrad 2 bis 5) wird monatlich überwiesen, wenn die Pflege familienintern im Verwandten- oder Bekanntenkreis organisiert ist. Wichtig: Die Ausgaben des Pflegegelds müssen *nicht* dokumentiert oder nachgewiesen werden, was das Prozedere für pflegende Angehörige enorm vereinfacht. Pflegegeld kann beispielsweise dafür verwendet werden, um private Helfer:innen und sogar Nachbar:innen oder Freundinnen und Freunde für die Pflegeleistungen zu bezahlen. Wer Pflegegeld bezieht, darf sich regelmäßig einem Beratungsbesuch durch einen zugelassenen Pflegedienst unterziehen. Bei diesen Terminen gibt es die Möglichkeit, Fragen zu stellen und eventuelle Veränderungen der Pflegesituation zu besprechen bzw. Maßnahmen zu ergreifen. Anschließend leitet der Pflegedienst das Protokoll des Gespräches an die Pflegekasse weiter.

Entlastungsbetrag (Rechtsgrundlage § 45b SGB XI)

Den sogenannten Entlastungsbeitrag erhält *jede:r* Pflegebedürftige, die:der im häuslichen Umfeld gepflegt wird – unabhängig vom zugewiesenen Pflegegrad. Der Entlastungsbetrag kann für unterschiedliche Unterstützungsangebote eingesetzt werden, zum Beispiel im Bereich der Betreuung Pflegebedürftiger oder als Entlastung für pflegende Angehörige im Alltag. Auch für Leistungen der Tages- und Nachtpflege oder Kurzzeitpflege kann der Betrag Verwendung finden.

Verhinderungspflege (Rechtsgrundlage § 39 SGB XI)

Wenn pflegende Angehörige wegen Krankheit ausfallen oder eine Auszeit brauchen, können sie (ab Pflegegrad 2 und nach mindestens sechs Monaten Pflege) die Leistungen der Verhinderungspflege in Anspruch nehmen. Das bedeutet, dass sich eine andere Person um die:den Pflegebedürftige:n kümmert, während die Haupt-Pflegeperson abwesend ist. Der Dienst kann unter anderem durch professionelle Pflegekräfte, Bekannte oder Freundinnen und Freunde in den eigenen vier Wänden oder durch eine zugelassene Pflegeeinrichtung (z. B. ambulante Pflegedienste, Pflegeheim) erbracht werden. Die Vertretung erfolgt Stunden- bzw. Tageweise für bis zu sechs Wochen im Jahr.

Kurzzeitpflege (Rechtsgrundlage § 42 SGB XI)
Die Kurzzeitpflege wird meist in Anspruch genommen, wenn ein alter Mensch unvorhergesehen pflegebedürftig wurde (z. B. nach einem Oberschenkelhalsbruch). Auch kommt es vor, dass die Pflege zu Hause aufgrund vermehrter Belastung plötzlich nicht mehr ausgeführt werden kann oder die Familie generell einer Krisensituation (z. B. Pflegekraft ist längerfristig erkankt) ausgesetzt ist. In diesen Fällen wird der pflegebedürftige Mensch für überschaubare Zeit in einem Pflegeheim untergebracht und versorgt. Der Anspruch gilt bis zu acht Wochen im Jahr und kann mit der Verhinderungspflege kombiniert werden.

Tages- oder Nachtpflege (Rechtsgrundlage § 41 SGB XI)
Die Tages- und Nachtpflege ist dafür gedacht, dass die pflegebedürftige Person entweder tagsüber oder in der Nacht in einer stationären Einrichtung durch Pflegepersonal versorgt wird. Dies kann besonders für Berufstätige eine große Entlastung darstellen, denn es steht sogar ein Fahrdienst zur Verfügung, der den alten oder behinderten Menschen abholt, zur Einrichtung bringt und ihn anschließend wieder nach Hause fährt. Die restlichen ambulanten Pflegeleistungen werden dadurch *nicht* gekürzt.

Pflegehilfsmittel und wohnumfeldverbessernde Maßnahmen (Rechtsgrundlage § 40 SGB XI)
Um das Wohnumfeld für die häusliche Pflege zu optimieren, beteiligt sich die Pflegekasse zu einem großen Teil an den anfallenden Umbaukosten (bitte Antrag vor Beginn der Maßnahmen bei der Pflege-

kasse stellen!). Das ist sinnvoll, wenn beispielsweise Bäder behindertengerecht umgebaut oder Haltegriffe angebracht werden müssen. Weiterhin gibt es die Möglichkeit, leihweise technische Hilfsmittel zu erhalten, welche die Pflege zu Hause deutlich vereinfachen (Pflegebett, Toilettenstuhl usw.). Darüber hinaus werden häuslich Pflegende monatlich mit Pflegehilfsmitteln (z. B. Windeln, Desinfektionsmittel) versorgt, welche zum Verbrauch bestimmt sind.

Stationäre Pflege (Rechtsgrundlage § 43 SGB XI)

Kann die Pflege zu Hause nicht geleistet werden, haben Pflegebedürftige der Pflegegrade 2 bis 5 Anspruch auf vollstationäre Pflege. Die Pflegekasse übernimmt hier die Kosten der Pflege, der sozialen Betreuung und der Behandlungspflege (z. B. Abgabe von Medikamenten, Wundversorgung). Der Beitrag reicht jedoch leider nicht für alle anfallenden Ausgaben – in der Praxis läuft es so, dass Angehörige nicht selten einen mehr oder weniger hohen Zuschuss für Unterkunft, Verpflegung oder Investitionskosten (z. B. Instanthaltungskosten, Kosten für Gebäudemieten) aus eigener Tasche zahlen müssen.

Pflegekurse und Pflegeberatung (Rechtsgrundlagen §§ 45 und 7a SGB XI)

Die meisten Angehörigen haben zu Anfang keine Ahnung, wie sie mit einem pflegebedürftigen Menschen umgehen sollen, und fühlen sich unsicher. Diesen Unsicherheiten möchte die Pflegekasse mit dem *Angebot kostenloser Pflegekurse* begegnen und damit die häusliche Betreuungssituation erleichtern. Hierfür gibt es unterschiedlichste Angebote und sogar Spezialkurse wie zum Beispiel zum Thema Demenz. Auch ein Pflegetraining zu Hause bietet sich an – dort gehen Fachkräfte individuell auf die Problematik ein und geben Tipps für eine optimale Pflege. Darüber hinaus haben pflegende Angehörige stets das Recht auf eine kostenlose Pflegeberatung ihrer Pflegekasse (oder bei einer unabhängigen Beratungsstelle). Im Rahmen dieser wird gemeinsam ein *Hilfeplan* besprochen und eine umfassende Beratungsarbeit geleistet.

Leistungen zur sozialen Sicherung der Pflegeperson (Rechtsgrundlage § 44 SGB XI)

Wenn Sie zu Hause *nicht erwerbsmäßig* einen alten bzw. pflegebedürftigen Menschen (mindestens Pflegegrad 2) wenigstens *zehn Stunden verteilt auf regelmäßig mindestens zwei Tage wöchentlich* pflegen, gelten Sie nach § 19 SGB XI als *Pflegeperson*. Damit sind Sie beitragsfrei gesetzlich unfallversichert und erhalten unter bestimmten Umständen Leistungen zur Renten- und Arbeitslosenversicherung. Für Berufstätige gibt es unterschiedliche Optionen, wie eine *Freistellung* im Rahmen einer kurzfristig aufgetretenen Pflegesituation organisiert werden kann. So können Sie sich unter bestimmten Voraussetzungen von Ihrer Arbeit *kurzfristig zehn Tage freistellen lassen*, um die häusliche Pflege zu organisieren (Rechtsgrundlage § 2 Pflegezeitgesetz [PflegeZG] und § 44a SGB XI). In dieser Zeit erhalten Sie zwar kein Gehalt, stattdessen aber ein sogenanntes *Pflegeunterstützungsgeld* (maximal 90 % des Nettoeinkommens). Weiterhin gibt es – wieder unter bestimmten Voraussetzungen – für einen Zeitraum von bis zu sechs Monaten die Möglichkeit einer *Freistellung bzw. Reduzierung der Arbeitszeit* (Rechtsgrundlage PflegeZG § 3 Abs. 1 und 4), was sich allerdings negativ auf Ihren Lohn auswirkt. Um diese finanzielle Lücke zu überbrücken, kann ein *zinsloses Darlehen* des Bundesamtes für Familie und zivilgesellschaftliche Aufgaben (www.bafza.de) sinnvoll sein, welches im Rahmen der Pflegezeit beantragt werden kann. Wer bis zu zwei Jahre mindestens 15 Stunden wöchentlich arbeiten möchte, kann unter bestimmten Voraussetzungen bei der:dem Arbeigebenden eine sogenannte *Familienpflegezeit* einfordern (Rechtsgrundlage Familienpflegezeitgesetz [FPfZG]). In dieser Zeit ist aufgrund des verringerten Nettogehalts wieder die Inanspruchnahme des vorgenannten zinslosen Darlehens möglich. Die letzte Option ist die *Begleitung* eines pflegebedürftigen Menschen *in der letzten Lebensphase* (Rechtsgrundlage PflegeZG). Um für Ihre:n Angehörige:n in dieser schwierigen Zeit da zu sein, können Sie bis zu drei Monate eine ganze oder teilweise Freistellung bei Ihrer Firma beantragen, dies gilt allerdings nur für Betriebe mit mindestens 16 Beschäftigten.

So umfangreich die Unterstützungsleistungen der gesetzlichen und privaten Pflegeversicherung auch sind, in der Praxis lässt sich damit leider nur ein Teil der anfallenden Pflegekosten bestreiten. Den Rest, immerhin nicht geringe allgemeine Lebenshaltungskosten wie zum Beispiel Miete, Nahrungsmittel oder Benzin, zahlt die pflegebedürftige Person selbst (Zobel, 2019). Kann sie die anfallenden Kosten nicht übernehmen, gibt es die Möglichkeit, staatliche Hilfen zu beantragen. Welche das sind und was es sonst noch an Unterstützungsleistungen gibt, erfahren Sie im nächsten Abschnitt.

Ergänzendes Versorgungsangebot

Pflegebedürftige, welche die Pflegeausgaben nicht mit eigenen Mitteln decken können, haben grundsätzlich die Möglichkeit, *Hilfe zur Pflege* (Rechtsgrundlage §§ 61 bis 66a SGB XII) zu beantragen (Stadt Regensburg, 2022, S. 32). Trotzdem gilt:

> „Diese Sozialleistung soll den nicht durch die gesetzliche Pflegeversicherung gedeckten Bedarf an Pflegehilfe auffangen und übernehmen. Sozialhilfe ist generell immer nachrangig, d. h. ein Anspruch entsteht erst, wenn Leistungen aus Kranken- und Pflegeversicherung, Beihilfe, Rentenversicherung und Ansprüche gegenüber unterhaltspflichtigen Familienmitgliedern ausgeschöpft sind."

Auch Menschen, die keinen Bescheid über eine Pflegebedürftigkeit vorweisen können, bekommen unter Umständen Hilfe zur Pflege (Müller et al., 2019). Ansprechpartner für diese Leistung ist das Sozialamt, welches die Höhe der Leistung abhängig von der persönlichen Situation (Einkünfte, Ausgaben usw.) der:des Antragsstellenden ausrechnet (Zobel, 2019).

Grundsicherung (Rechtsgrundlage §§ 41 ff. SGB XII) hingegen ist eine Unterstützungsleistung für ältere Menschen, die *unabhängig von einer Pflegebedürftigkeit* bezahlt wird. Sie kommt zum Zuge, wenn die täglichen Lebenshaltungskosten (z. B. Miete, Heizung, Kranken- und

Pflegeversicherungsbeiträge) mit dem Einkommen bzw. Vermögen nicht bestritten werden können (Deutsche Rentenversicherung, 2022). Voraussetzung für die Beantragung einer Grundsicherung ist das Erreichen der *Regelaltersgrenze* bzw. *Volljährigkeit und eine dauerhafte volle Erwerbsminderung*. Der *Wohnsitz* der beantragenden Person muss zwingend *in Deutschland* sein. Ansprechpartner ist auch hier das Sozialamt, Bereich Grundsicherung.

Für Beamtinnen bzw. Beamte, Soldat:innen und Richter:innen besteht die Möglichkeit, *Beihilfe* zu beantragen (Müller et al., 2019). Zuständig hierfür ist die *Beihilfestelle*.

Sinnvoll bei einer Pflegebedürftigkeit ist darüber hinaus ein vom Versorgungsamt ausgestellter *Schwerbehindertenausweis*. Er ermöglicht unter bestimmten Voraussetzungen die kostenlose Nutzung von Nahverkehrsmitteln, eine Reduzierung von Rundfunkbeiträgen und vieles mehr.

Prüfen Sie darüber hinaus, ob die Person, welche Sie pflegen, Anspruch auf *Wohngeld* hat. Dieses stellt einen Zuschuss zu den Wohnkosten dar und hängt von bestimmten Bedingungen (z. B. Verdienst, Wohnkosten, Wohnlage) ab. Der Antrag ist bei der jeweiligen Wohngeld-Stelle der Stadt- bzw. Kreisverwaltung zu stellen. Ein nicht zu unterschätzendes *Manko* gibt es allerdings: Der Bezug von Grundsicherung im Alter oder Hilfe zum Lebensunterhalt schließt diese Leistung aus.

Um die finanzielle Situation häuslich Pflegender zu verbessern, sind darüber hinaus noch bestimmte *Steuererleichterungen* zu erwähnen. Diese erhalten Sie zum Beispiel, wenn Sie Gesundheits- und Krankheitskosten als außergewöhnliche Belastungen in der Steuererklärung geltend machen.

Daneben ist es sinnvoll, eine mögliche jährliche *Zuzahlungsbefreiung* gesetzlicher Krankenkassen ab Erreichen einer bestimmten Belastungsgrenze (2 % der Bruttoeinkünfte zum Lebensunterhalt aller im Haushalt lebenden Personen pro Kalenderjahr, bei chronisch Kranken 1 %) zu prüfen (beta Institut gemeinnützige GmbH, 2023). Wird diese Grenze überschritten, müssen Versicherte keine Zuzahlungen mehr leisten bzw. bekommen bereits bezahlte Gelder (z. B. für Arznei- und Verbandmittel) wieder zurück.

Finanzielle Erleichterungen wie diese sind das eine, das andere jedoch sind die Menschen, die tagtäglich vor Ort sind und Sie bei der Angehörigenpflege unterstützen. Auch hier gibt es unterschiedlichste Optionen, wie Sie als häuslich Pflegende:r Entlastung finden und Aufgaben zeitweise abgeben können. Bitte vergessen Sie nicht: Sie müssen nicht alles alleine stemmen, sogar ganz im Gegenteil! Für Ihre körperliche und seelische Gesundheit ist es *notwendig*, dass Sie sich immer wieder Auszeiten gönnen und abschalten können. Das hat nichts mit Egoismus, sondern einer gesunden Selbstfürsorge zu tun, die wir in den vorangegangenen Kapiteln schon ausführlich besprochen haben. Lassen Sie uns deshalb schauen, wen Sie ansprechen können, um sich die häusliche Pflege zu erleichtern.

Zunächst einmal versuchen viele pflegende Angehörige, die Pflege innerhalb der Familie oder mit Unterstützung von *Freund:innen*, *Nachbar:innen* bzw. *Bekannten* zu stemmen. So kenne ich nicht wenige Familien, bei denen die unterschiedlichen Generationen in einem Haus leben oder zumindest örtlich ziemlich nahe beeinander. Das macht es leichter, die Pflegearbeiten untereinander aufzuteilen. Wenn alle an einem Strang ziehen, kann hier ein guter Plan gemacht werden, wer sich wann um den alten Menschen kümmert, während die anderen Familienmitglieder Freizeit haben. So ruht die Pflege auf verschiedenen Schultern, was allen Beteiligten guttut und immer wieder für Ausgleich sorgt. Sogar die zu betreuenden Senior:innen profitieren davon, denn sie haben vertraute Personen um sich, welche sie lieben. In der Praxis beobachte ich zum Beispiel immer wieder gerne, wenn Enkelkinder ihre Großeltern alleine durch ihre Anwesenheit zum Lachen bringen. Das birgt für viele krankheitsgeplagte Senior:innen eine ganz besondere Freude und hat große Kraft – natürlich nur, wenn die familiären Beziehungen untereinander wertschätzend und nicht von unausgesprochenen Missstimmungen geprägt sind. Trauen Sie sich deshalb ruhig, aktiv in Ihrem Familien- und Bekanntenkreis nach Unterstützung zu fragen. Viele Menschen sind einfach unsicher und trauen sich gar nicht zu fragen, ob bzw. wie sie unterstützen können.

Unabhängig davon gibt es leider etliche Fälle, in denen sich nur ein einziges Familienmitglied um die pflegebedürftige Person kümmert – oder gar niemand, weshalb eine gesetzliche Betreuung initiiert werden muss. Doch selbst im günstigsten Fall, das heißt, wenn sich mehrere vertraute Bezugspersonen gut um den hilfsbedürftigen Menschen kümmern, macht ein Zuschalten von *professionellen Pflegedienstleistenden* Sinn. Diese sind ein wichtiger Pfeiler bei der ambulanten Versorgung hilfsbedürftiger Menschen und kaum mehr wegzudenken (Zentrum für Qualität in der Pflege, 2021). Die Aufgaben ambulanter Pflegedienste sind vielfältig, so helfen sie beispielsweise beim Waschen, der Betreuung oder im Haushalt. Genauso bereiten sie Tabletten vor, ziehen Stützstrümpfe an oder wechseln Verbände. Im Einzelfall werden mitunter sogar Haustiere vorsorgt oder Pflanzen gegossen, was jedoch eher eine Ausnahme ist.

Grundsätzlich zeichnet sich eine qualitativ hochwertige pflegerische Versorgung stets durch bestimmte Merkmale aus. Das bedeutet unter anderem, dass die Pflege *fachgerecht* ausgeführt wird (d. h. die Pfleger:innen haben eine entsprechende Aus- bzw. Vorbildung und können die Pflege korrekt durchführen), bestimmte *Ziele* im Blick hat (d. h. Pflegedienst, Angehörige und die pflegebedürftige Person erstellen gemeinsam eine Pflegeplanung, welche regelmäßig überprüft und im Bedarfsfall angepasst wird) und die *Selbstständigkeit* der zu pflegenden Person fördert. Das ist besonders wichtig, um bestehende Fähigkeiten so lange es geht zu erhalten und das Gefühl der Selbstwirksamkeit zu begünstigen.

Nicht selten besuchen Senior:innen daneben die im vorigen Kapitel bereits erwähnten *Tagespflegeeinrichtungen*, was im Alltag oft eine große Entlastung für pflegende Angehörige darstellt (Schwarz, 2013). Diese Einrichtungen betreuen alte Menschen in der Regel für acht Stunden an ein bis fünf Werktagen, manchmal sogar am Wochenende. Meine Mutter beispielsweise ist an drei Tagen der Woche in der Tagespflege und fühlt sich in der Gemeinschaft mit anderen sehr wohl. Das verwundert nicht, denn den Besucher:innen der Einrichtung wird stets ein abwechslungsreiches Programm geboten, das liebevoll umgesetzt wird. So werden jahreszeitliche Feste gefeiert, gemeinsam gebacken oder gekocht, gebastelt, Vorträge angehört usw. Am Abend geht es für die Senior:innen dann wieder zurück ins eigene Zuhause.

Vielen häuslich Pflegenden ist es darüber hinaus ein Anliegen, dass sie neben der Pflege *Unterstützung bei der Hausarbeit* bekommen (Zobel, 2019). Dies ist möglich, wenn die pflegebedürftige Person mindestens Pflegegrad 1 hat und die:der ausführende Dienstleistende von der Pflegekasse anerkannt ist. *Ehrenamtliche* können Unterstützungsleistungen ebenfalls übernehmen, allerdings muss deren Träger:in anerkannt bzw. die Helfer:innen entsprechend geschult worden sein. Ob Besuchsdienst, Papierkram erledigen, Geschichten vorlesen oder gemeinsam mit der pflegebedürftigen Person spazieren gehen – ehrenamtliche Initiativen der Seniorenhilfe sind in Deutschland glücklicherweise weitverbreitet.

Mit dem monatlich von der Pflegekasse zuerkannten *Entlastungsbetrag* können sowohl Betreuungsangebote (z. B. Vorlesen, Spielen), *Angebote zur Entlastung von pflegenden Angehörigen* (z. B. Alltagshilfen) als auch *Angebote zur Entlastung im Alltag* (z. B. Behördentermine) finanziert werden (Müller et al., 2019, S. 25). Daneben stellt beispielsweise das sogenannte *Wohnen für Hilfe* eine weitere Unterstützungsoption für eher wenig eingeschränkte Senior:innen dar (Zobel, 2019). Beim Wohnen für Hilfe bezieht ein junger Mensch ein günstiges Zimmer im Haushalt des alten Menschen, zahlt aber nur nur die Nebenkosten und packt dafür im Alltag mit an. Hier kann es sich um Dienste wie zum Beispiel Rasenmähen, Kochen oder Einkaufen handeln. Meist einigen sich die Parteien vorher, welche Aufgaben (mit Ausnahme von pflegerischen Leistungen) in welchem Umfang übernommen werden sollen, meist richtet sich das nach der Quadratmeterzahl des gemieteten Zimmers (pro Quadratmeter eine Stunde Hilfe pro Monat). Auskünfte hierzu erteilen die Studentenwerke Ihrer Stadt oder Sie suchen im Internet nach dem Stichwort „Wohnen für Hilfe".

Eine *520-Euro-Kraft* kann Sie ebenfalls bei vielen Alltagstätigkeiten (z. B. Putzen, Einkaufen, Organisatorisches) und in der Seniorenbetreuung unterstützen, diese Arbeit läuft unter dem Begriff „Minijob" (bzw. bei mehr als 520 Euro monatlichem Verdienst „Midijob", der sozialversicherungspflichtig ist und bei der Krankenkasse angemeldet werden muss). Der Minijob ist eine geringfügige Beschäftigung und kann im gewerblichen oder im Privathaushalt ausgeführt werden, bei einer haushaltsnahen Tätigkeit bezahlt der Arbeitgebende (in dem Fall Sie als Privatperson) nur geringe Abgaben. Eine:n Minijobber:in können Sie ganz einfach mit einem *Haushaltsscheck* über die *Minijob-Zentrale* (Deutsche Rentenversicherung Knappschaft-Bahn-See, 2022) anmelden. Dabei gelten die üblichen Arbeitsrechte wie für Vollzeitbeschäftigte (Entgeltfortzahlung im Krankheitsfall, Urlaub usw.).

Sofern Sie zur Unterstützung eine *private Pflegekraft bzw. eine:n 24-Stunden-Pfleger:in* engagieren möchten, empfehle ich Ihnen, eine:n Steuerberater:in und/oder eine Rechtsanwältin bzw. einen Rechtsanwalt mit ins Boot zu holen, denn dies ist ein umfangreicheres Unterfangen und es gibt zahlreiche arbeitsrechtliche Regelungen, die beachtet werden müssen. Natürlich können Sie sich ferner an eine der zahlreichen *24-Stunden-Pflege-Agenturen* im Internet wenden oder einen Dienstleistungsvertrag mit einer *selbstständigen Pflege- und Betreuungskraft* eingehen. In diesem Fall sind Sie von jeglichen arbeitgeberischen Pflichten befreit.

Ergänzend zu einer 24-Stunden-Pflegekraft können Sie eine Vielzahl von weiteren *professionellen Dienstleistungen* nutzen, welche Ihnen den Alltag erleichtern. Hierunter fallen beispielsweise mobile Friseurinnen und Friseure, Fußpfleger:innen, Gärtner:innen, das vielbekannte „Essen auf Rädern" oder Supermarkt-Lieferdienste. Fallen bei Menschen mit körperlicher oder geistiger Behinderung darüber hinaus Fahrten zur Ärztin bzw. zum Arzt oder ins Krankenhaus an, stellt sie:er eine *Verordnung* aus (den sogenannten *Transportschein oder Krankentransportschein*). Das hat zur Folge, dass die *Krankenkasse die Transportkosten übernimmt* und Sie die Benzinkosten nicht privat tragen müssen (Rosenberg, 2020).

Hilfsangebote und -möglichkeiten für pflegende Angehörige

Auch wenn ich am Ende von Kapitel 3 bereits kurz darauf eingegangen bin: Haben Sie schon einmal daran gedacht, sich durch Gespräche – je nach Format mit oder auch ohne Anwesenheit einer Fachperson – Erleichterung zu verschaffen oder alternativ auf Onlineangebote für pflegende Angehörige zurückzugreifen? In ersterem Fall kann dies einerseits in Form von *Angehörigentreffs* oder *Selbsthilfegruppen* und andererseits mittels *seelsorgerischer Begleitung* oder im Rahmen einer *Psychotherapie* geschehen (BAGSO, 2019). *Angehörigengruppen* werden im Gegensatz zu Selbsthilfegruppen oft von einer Fachkraft (z. B. Sozialarbeiter:innen) geleitet und finden im Kreise von Betroffenen statt. Bei solchen Treffen ist es möglich, über sämtliche Gefühle, Ängste oder Probleme zu sprechen und von den Erfahrungen sowie dem Austausch mit anderen zu profitieren. Dies macht Mut, mit der Sitution gut umgehen zu können, und spendet Hoffnung. Manchmal wissen Angehörige nicht, wie sie in einer problematischen Situation vorgehen sollen und wünschen sich Unterstützung von Betroffenen, die diesen Weg schon erfolgreich gegangen sind. Genauso tut es gut, die eigenen Erfahrungen an andere weiterzugeben und sich darüber auszutauschen. Oftmals ergeben sich dadurch sehr intensive Gespräche und es entsteht das angenehme Gefühl, von einer mitfühlenden Gruppe aufgefangen zu werden. Nicht selten herrscht bei manchen Angehörigen Unwissenheit im Umgang mit Krankenkassen, Behörden und Versicherungen. Ebenfalls in diesem Fall tut es gut, von Menschen Rat zu erhalten, die dies alles schon durchgemacht haben. Eine gute Anlaufstelle, um Gleichgesinnte zu finden, ist NAKOS, eine nationale Kontakt- und Informationsstelle zur Anregung und Unterstützung von Selbsthilfegruppen. Unter der Nummer 030 – 31 01 89 60 können Sie Gruppenangebote in Ihrer Nähe erfragen.

Eine weitere Option, um Entlastung für die Seele zu finden, ist die bereits erwähnte *Psychotherapie*. Sie bietet sich an, wenn Angehörige über einen längeren Zeitraum pflegen und daher (neben vielen positiven Erfahrungen) dauerhaftem Stress ausgesetzt sind. In manchen

Fällen (wenn sich kleinere Störungen und Belastungen gegenseitig aufschaukeln) führt das zu einer psychischen Erkrankung, die behandelt werden sollte. Psychotherapeutische Sitzungen schaffen Raum, sich belastende Gedanken und Gefühle von der Seele zu reden und einer unbeteiligten dritten Person zu schildern. Der Austausch mit solchen Fachpersonen wird oft als sehr entlastend erlebt. Darüber hinaus schafft er für pflegende Angehörige die Möglichkeit, einen guten Weg zu finden, um besser mit der Pflegesituation umzugehen. Gerade im Hinblick auf die Betreuung demenzkranker Personen gibt es mittlerweile spezielle Angebote zur psychotherapeutischen Begleitung. Dies sind häufig Gruppengespräche, die durch den Austausch als heilsam erlebt werden. Doch egal, welche Form der Entlastung Sie wählen: In einem solch vertrauensvollen Gesprächsrahmen können Sie sich austauschen und werden von Ihrem Gegenüber ernst genommen. Darüber hinaus erhalten Sie viele praktische Tipps, Trost und vor allem Zuspruch, was unbezahlbar ist. Um einen Therapieplatz zu finden, stehen Ihnen im Internet Datenbanken zur Verfügung, zum Beispiel unter: www.psychotherapeutenliste.de oder www.psych-info.de (die gesetzlichen Krankenkassen übernehmen die Behandlungskosten durch zugelassene Psychotherapeut:innen – am besten erkundigen Sie sich vorab bei Ihrer Krankenkasse nach den nötigen Voraussetzungen).

Wer aber trotzdem lieber online unterwegs ist, kann darüber hinaus den umfassenden Telefon- bzw. *Online-Hilfebereich* für Pflegende nutzen. So gibt es zum Beispiel das *Pflegetelefon „Wege zur Pflege"* des Bundesministeriums für Familie, Senioren, Frauen und Jugend (BMFSFJ), das Angehörigen rund um das Thema Pflege mit Rat und Tat zur Seite steht, erreichbar unter: 030 – 201 791 31 (weitere Informationen können Sie der Website entnehmen: www.wege-zur-pflege.de).

Wer eine *psychologische Online-Beratung* wünscht, sollte Kontakt mit dem gemeinnützigen *Internetportal Pflegen-und-leben.de* aufnehmen, das Angehörigen, aber auch Freund:innen und Nachbar:innen, die erkrankte oder hilfsbedürftige Menschen im häuslichen Umfeld versorgen, zur Verfügung steht. Alle pflegenden Menschen, die gesetzlich krankenversichert sind, erhalten anonym und kostenfrei von dessen

Berater:innenteam eine persönliche, individuelle Unterstützung und psychologische Begleitung bei seelischer Belastung durch den Pflegealltag. Näheres hierzu finden Sie unter: www.pflegen-und-leben.de.

Betreuen Sie einen *Menschen mit Demenz* und haben Fragen zur dieser besonderen Pflegesituation? In diesem Falle können Sie sich an die Berater:innen des *Alzheimer-Telefons der Deutschen Alzheimer Gesellschaft e. V.* wenden unter: 030 – 259 37 95 14 (weitere Informationen unter: https://www.deutsche-alzheimer.de/alzheimer-telefon).

Darüber hinaus gibt es deutschlandweit noch viel mehr großartige Angebote, die ich in diesem beschränkten Rahmen leider gar nicht alle aufführen kann. Doch selbst bei regionalen Angeboten kann es passieren, dass man sich im Dschungel unterschiedlichster Unterstützungsdienstleister:innen manchmal verirrt. In diesen Fällen ist es immer empfehlenswert, zunächst die eigene *Pflegekasse* oder in der Nähe befindliche *Pflegestützpunkte* (bzw. *Pflegeberatungsstellen*) anzusprechen und um eine *kostenlose Pflegeberatung* zu bitten. Gerade die bundesweit verteilten Pflegestützpunkte sind immer eine gute Anlaufstelle. Sie behandeln Fragen wie zum Beispiel diese (Stadt Regensburg, 2022):

- Was mache ich, wenn eine akute Pflegebedürftigkeit eintritt?
- Welche regionalen Hilfen gibt es?
- Was sind die finanziellen Rahmenbedingungen bei einer Pflege?
- Welche Schritte muss ich einleiten, um eine Rehabilitationsmaßnahme zu erhalten?
- Welche Hilfsmittel benötige ich für die häusliche Pflege?
- Wie kann ich mein Haus bzw. die Wohnung behindertengerecht gestalten?
- Welche Vorteile bietet die Pflege zu Hause und welche die Versorgung in einer Einrichtung?

Daneben sind diese Stellen ebenfalls noch für die Vernetzung bestehender Strukturen im Gesundheitsbereich zuständig (z. B. durch das Organisieren von Kurzvorträgen zu pflegerelevanten Themen oder gemeinsamen Projekten).

Eine wichtige Anlaufstelle in der Beratungslandschaft sind ferner sogenannte *Fachstellen für pflegende Angehörige*, welche den örtlichen Senioren- oder Landratsämtern angegliedert sind. Dort profitieren pflegende Angehörige von psychosozialer Beratung, werden bei der Pflege unterstützt und können diverse Hilfsangebote in Anspruch nehmen. Das Tolle daran ist, dass die Behörden oftmals über ein umfangreiches Verzeichnis von Dienstleistenden im ambulanten sowie stationären Pflegebereich verfügen und es Ihnen sicherlich gerne an die Hand geben werden.

Liebe:r Leser:in, sollten Sie noch Zweifel haben, kann ich Ihnen nur noch einmal ans Herz legen, diese unverbindlichen Beratungsoptionen von speziell dafür ausgebildeten Fachleuten anzunehmen und von deren Vorzügen zu profitieren. Scheuen Sie sich bitte nicht, Hilfe von anderen anzunehmen, das ist schließlich Ihr gutes Recht. Und vergessen Sie niemals:

Wir alle brauchen Menschen,
die uns in schwierigen Situationen beistehen.
Denn gemeinsam sind wir stark.
Noch stärker, als wir es alleine sind.

5 Entlastung finden – aber wie? Methoden zur konkreten Umsetzung

Biografische Selbstreflexion verschafft Klarheit

„Wenn meine Gedanken nur noch um schlimme Dinge kreisen, weiß ich, dass ich aufpassen muss, nicht depressiv zu werden."

– Eine pflegende Angehörige –

Nachdem Sie dieses Buch schon bisher gelesen haben, sind Sie bestimmt gespannt darauf, wie Sie Ihre Pflegesituation konkret verbessern und sich im Alltag Entlastung verschaffen können. Auf den ersten Blick könnte Sie das in der Überschrift genannte Stichwort „Selbstreflexion" nun womöglich verwirren. Vielleicht fragen Sie sich ferner, was das mit Ihrer Biografie oder einer guten Pflege zu tun haben könnte? Gerne möchte ich Ihnen den Zusammenhang in diesem Kapitel ein wenig erläutern. Vielleicht haben Sie ja schon einmal von dem Begriff der „Salutogenese" gehört. Diese Lehre der sogenannten *Gesundheitsentwicklung* wurde bereits in den 1970er-Jahren von Aaron Antonovsky begründet (Hofmeister, 2014, S. 20). Der israelische Wissenschaftler fragte sich damals nicht, wie es viele andere Fachleute taten, welche Einflüsse einen Menschen krank machen, sondern er wollte stattdessen wissen, was der *Gesunderhaltung* dient. Eine spannende Herangehensweise, die einen völlig neuen Blick auf das Erforschen von Krankheiten erlaubte. Im Laufe seiner Forschungsjahre stieß Antonovsky schließlich auf drei ganz bestimmte Faktoren, welche positive Auswirkungen auf den Körper und die Seele eines Menschen haben. Es handelt sich um:

das Gefühl der Verstehbarkeit,
das Gefühl der Handhabbarkeit
und
das Gefühl einer Sinnhaftigkeit des eigenen Lebens.

Kurzum: Wenn ich das, was ich bislang erlebt habe (Gutes wie Schlechtes), *einordnen* kann und das Gefühl habe, es *bewältigen* zu können, ja am Ende vielleicht sogar einen *Sinn* darin finde, fühle ich eine Art *innere Stimmigkeit*, die mich durch mein Leben trägt und meine Gesundheit schützt. Gerade diese Stimmigkeit ist es, welche leibseelische Gesundheitskräfte fördert, Betroffene das Leben positiver sehen lässt und eine Zuversicht im Hinblick auf das vermittelt, was noch kommen mag. Ein wunderbarer Ansatz, der tiefgehend greift, finden Sie nicht? Ähnlich sahen und sehen dies auch weite Teile der Wissenschaft, sodass Antonovskys Gesundheitsmodell bis heute ein unverzichtbarer Bestandteil unterschiedlichster Fachdisziplinen ist.

Doch wie gelangen Menschen nun zu dieser inneren Stimmigkeit? Wie finden sie heraus, was sie im Leben trägt (und nicht zu vergessen: was nicht?). Ein Weg hierzu kann die aktive Auseinandersetzung mit der Vergangenheit sein, das bedeutet eine Beschäftigung mit dem, was mich als individuelle Person ausmacht. Durch diese sogenannte *biografische Selbstreflexion* wird es möglich, das Vergangene einer weitreichenden Betrachtung zu unterziehen und daraus Erkenntnisse für die Bewältigung des gegenwärtigen Alltags und das zukünftige Leben zu gewinnen. Elementar wichtig bei dieser Selbstreflexion ist immer eine ganz bestimmte Frage (Gudjons, Pieper & Wagener, 1999, S. 24–25). Sie lautet:

„Wo habe ich mich nicht nur
als ohnmächtiges Opfer von Bedingungen empfunden,
sondern mein Leben
aktiv gestaltend verändert?“

Wenn auf diese grundsätzliche Frage eine Antwort gefunden werden kann, wird das Leben und der Umgang mit Chancen bzw. Herausforderungen ein gutes Stück verstehbarer. Schließlich ergeben sich erst aus dieser Betrachtung wertvolle Erkenntnisse sowie das Wissen um hilfreiche Ressourcen. Biografiearbeit orientiert sich immer an diesem bereits vorhandenen Potenzial, ohne jedoch die Defizite auszublenden. Es kommt, wie der Pädagoge Hubert Klingenberger es so passend ausdrückt (Klingenberger, 2017, S. 69), darauf an,

> „was Menschen sind, können, schon bewältigt bzw. geleistet haben – und nicht auf das, was sie entbehren, woran sie scheitern oder was sie nie bekommen haben."

Der verstärkte Blick auf das Positive kann also Negatives verringern – und die betroffene Person fühlt sich insgesamt kompetenter. Dieses Wissen macht es leichter, mit dem umzugehen, was sich gegenwärtig (oder in Zukunft) in unserem Leben präsentiert. Wie aber passt das zu manchmal schwierigen Pflegesituationen? Zwei Beispiele: Eine junge Frau pflegte gemeinsam mit ihrem Vater ihre demenzkranke Mutter zu Hause. Nach dem ersten Schock gewöhnte sich die Familie an die neue Situation und eignete sich durch verschiedene Beratungen, Pflegekurse und Informationen im Internet neue Fähigkeiten an, um mit der kranken Frau besser umgehen zu können. Dadurch wurden viele Konflikte vermieden und die Pflege gestaltete sich insgesamt einfacher. Da die junge Frau feststellte, dass viele Menschen in ihrem Umfeld nichts oder nur wenig über das Krankheitsbild wussten, beschloss sie, sich neben der Pflege verstärkt in der Aufklärungsarbeit zu engagieren. Sie startete einen Internet-Blog und schrieb ein Buch über ihre Erfahrungen, was in der Allgemeinheit sehr gut ankam. Bis heute hält sie Vorträge und vermittelt der Öffentlichkeit auf unterschiedlichsten Wegen Informationen zur Krankheit Demenz. So hat sie das Gefühl, aus der schwierigen Situation auch etwas Gutes gemacht zu haben, und kann anderen Betroffen auf ihrem Weg mit der Krankheit helfen.

Im zweiten Beispiel geht es um eine 55-jährige Pflegende, die immer wieder an Depressionen litt. Im Rahmen einer angeleiteten biografischen Rückschau schaute sie sich an, welche Faktoren in der Vergangenheit dazu geführt hatten, dass sie Krankheitsschübe erlitt. Auf einem Blatt Papier notierte sie ihre ganz speziellen „Frühwarnzeichen" für depressive Episoden. Darauf stand: ängstlich und nervös sein, nicht mehr schlafen können, das Gefühl haben, dass etwas „Schlimmes" bevorsteht, Appetitmangel usw. Als die Dame sich längerfristig wieder in einer für sie sehr stressigen Situation befand und bemerkte, dass ihre Frühwarnzeichen verstärkt auftraten, nahm sie Kontakt mit einem Facharzt auf. Dieser verschrieb ihr für einen überschaubaren Zeitraum Antidepressiva und vermittelte ihr zeitnah eine therapeutische Unterstützung sowie eine zeitweise Entlastung in der Pflege. So konnte durch das Anschauen vergangener Krankheitserfahrungen eine neuerliche depressive Episode bereits im Kern erstickt werden.

👁 Biografischer Blick

Biografische Selbstreflexion ermöglicht ein intensiveres Verständnis der eigenen Person bzw. Vergangenheit und lässt uns andere Menschen in ihren Reaktionsweisen besser verstehen. So können – womöglich bereits festgefahrene – Standpunkte relativiert und neue Handlungsperspektiven für die Zukunft erschlossen werden (Gudjons et al., 1999).

Liebe:r Leser:in, haben Sie nach diesen Ausführungen eine Idee davon, was ich meine? Das wäre schön, denn mit diesen Erkenntnissen können wir uns jetzt gemeinsam derjenigen Herausfordung stellen, die Sie derzeit wohl am meisten beschäftigt: der Frage, wie Sie sich konkret einen entspannteren Alltag verschaffen können, ohne dabei ein schlechtes Gewissen gegenüber dem Menschen zu haben, den Sie betreuen.

Voraussetzungen für eine gute Pflege

„Ich gebe jeden Tag mein Bestes und
doch wandere ich auf einem schmalen Grat."
– Eine pflegende Angehörige –

Was ist eine „gute Pflege", haben Sie sich das schon einmal gefragt? Eine Antwort darauf ist nicht leicht zu finden, beinhaltet ein gutes Pflegen doch viele Komponenten, welche in das empfindsame Beziehungsgeflecht zwischen zwei Menschen hineinspielen. Denken Sie etwa an vergangene (womöglich unverarbeitete) Konflikte, das Krankheitsbild des alten Menschen, veränderte familiäre Rollensituationen usw. Gerade den letztgenannten Aspekt beschreibt Annelie Keil in ihrem Buch „Wenn das Leben um Hilfe ruft" (2017, S. 239–240) sehr deutlich:

> „Viele erwachsene pflegende Kinder, aber auch Mitarbeiter in der Altenpflege nehmen im Umgang mit alten Menschen und deren schwierigen Verhalten die Rolle der strengen Eltern ein: Sie schimpfen, befehlen, ordnen, treiben ständig zur Eile, vergleichen mit anderen, die es besser machen, disziplinieren mit Liebesentzug und anderem! […] Viele pflegende Angehörige geraten in emotionale Zwickmühlen, sind erschüttert, erleben sich selbst isoliert und einsam. Auch ihre Wut, Verzweiflung und Hilflosigkeit nehmen zu und zehren an ihrer Hingabe und ihrem Pflichtgefühl."

Das klingt nicht nach einem wertschätzenden Umgang miteinander, sondern eher nach Zurechtweisung und Überforderung – also dem Gegenteil dessen, was eine gute und vertrauensvolle Pflegebeziehung ausmacht. Doch welcher Weg führt zu dieser so wünschenswerten Vorstellung, ja der vielgepriesenen „guten Pflege"? Ich sehe grundsätzlich drei Möglichkeiten, die – jede für sich – viel damit zu tun haben, die Pflegesituation immer wieder zu hinterfragen und im Hinblick auf Verbesserungen abzuklopfen. Sie lauten:

1. **Das Wissen der pflegenden Angehörigen um eigene Grenzen und Möglichkeiten**
2. **Die Stärkung der Beziehung zur pflegebedürftigen Person**
3. **Die Fähigkeit, Alltagsprobleme lösen zu können**

Zunächst einmal ist es wichtig, dass Sie als Pflegende:r um Ihre eigenen *Grenzen und Möglichkeiten* wissen. Denn wer hingebungsvoll pflegt, sorgt sich meist um die:den zu versorgende:n Angehörige:n und weniger um sich selbst, was letztlich alles andere als gesund ist. Aus diesem Grunde lege ich Ihnen einmal mehr nahe, sich selbst ein wenig näher zu betrachten und sich Gedanken über Ihre eigenen Grenzen bzw. wunden Punkte zu machen. Denn nicht selten sind es diese (mitunter bereits länger schwelenden) Brandherde, die aus einer eigentlich kleinen Unstimmigkeit ein riesiges Feuer entfachen, welches nicht so schnell gelöscht werden kann (Zentrum für Qualität in der Pflege, 2020b). Sicher wissen Sie aus eigener Erfahrung, dass sich einmal verlorenes Vertrauen nicht so leicht wiederherstellen lässt und dessen Zurückgewinnung viel Zeit und Mühe erfordert. Doch malen wir den Teufel nicht an die Wand, sondern beschäftigen wir uns lieber damit, wie wir dies verhindern. Ein guter Weg in diese Richtung ist es, sich regelmäßig ein paar Minuten für sich zu nehmen und (im Bedarfsfall schriftlich) zu reflektieren, vielleicht bei einer Tasse Tee oder Kaffee:

- Welcher Aspekt bei der Pflege Ihres Angehörigen fordert Sie am meisten heraus? Wie stark fühlen Sie sich durch die Pflege strapaziert?
- Können Sie bestimmte Situationen benennen, die schwierig für Sie sind (z. B. die Körperhygiene, das Erledigen organisatorischer Belange oder wenn der alte Mensch Sie nachts aufweckt)?
- Fordert Sie ein bestimmtes Verhalten der pflegebedürftigen Person ganz besonders heraus?

Auf diese Fragen gilt es ganz persönliche Antworten zu finden und anschließend die Reaktionen anzupassen bzw. so zu verändern, dass ein entspannt(-er-)es Beisammensein möglich ist. Zugegebenermaßen erfordert das manchmal ein wenig Mut und Ehrlichkeit gegenüber sich selbst, vor allem aber einen langen Atem. Überlegen Sie doch mal, lieb:e Leser:in: Ist es vielleicht möglich, dass Sie beispielsweise *denjenigen Aspekt der Pflege, der Sie besonders belastet, an jemanden anderen abgeben* (z. B. Pflegedienst, externe Person, Kinder)?

Genau so hat es eine meiner Klientinnen getan. Diese Dame betreute bereits seit Jahren aufopferungsvoll ihren Mann, welcher nur noch am Rollator gehen und nicht mehr richtig sprechen konnte. Das Einzige, was ihm Freude bereitete, waren die Ausflüge in ein nahe gelegenes Einkaufszentrum, das er gemeinsam mit seiner Frau besuchen wollte. Das Problem: Seine Ehefrau litt an einer diagnostizierten Angststörung, das bedeutete, sie hatte panische Angst vor dem Umhergehen auf Hochglanzböden (also Böden, die in Einkaufshäusern normalerweise ziemlich oft verbaut sind). Es belastete die beiden jedes Mal stark, wenn sie versuchte, seinen Wünschen trotzdem entgegenzukommen und sich zu überwinden. Während sie schweißüberströmt und käseweiß an seinem Arm durch die Gänge schritt, bemerkte er ihre Angst und wurde ärgerlich. Das führte zu Streit und so endeten die Ausflüge jedes Mal im Desaster. Irgendwann wurde der Pflegenden bewusst, dass es so nicht weitergehen konnte, die persönliche Grenze war erreicht. Also engagierte sie mich als Begleitperson bei den Einkäufen. So kam es, dass ich die beiden Woche für Woche mit meinem Fahrzeug abholte, mit Ihnen in das Einkaufszentrum fuhr und mit dem alten Mann auf den Fluren herumging, während meine Klientin eine Stunde im Café saß und sich entspannte. Mit dieser Maßnahme war allen Parteien geholfen und die Beziehung der beiden wurde entspannter.

Sollte es hingegen das *herausfordernde Verhalten der pflegebedürftigen Person* sein, das Ihnen Kopfzerbrechen bereitet, macht es Sinn, herauszufinden, warum Ihr:e Angehörige:r sich so verhält. Liegt es an der Krankheit, der Biografie, bestimmten Ängsten oder Erfahrungen aus der Vergangenheit usw.? Wie Sie wissen, ist nicht jeder Aspekt der eigenen Lebensgeschichte positiv, das heißt, wir alle erleben Schicksalsschläge, Verluste und schwierige Situationen, welche uns prägen – das gehört neben vielen schönen Erlebnissen zum Leben dazu. Wenn Sie als Pflegende:r aber um diese belastenden Ereignisse wissen, können Sie mehr Verständnis für den alten Menschen aufbringen und entspannter mit ihm umgehen.

Ich habe einmal eine demenzkranke Dame betreut, deren Tochter es belastete, dass die Mutter einmal gekochte Speisen immer wieder aufwärmte und noch aß, wenn sie schon verdorben waren. Jedes Mal entbrannte ein Streit, wenn die Tochter die Lebensmittel entsorgen wollte. Der Hintergrund für das agressive Verhalten der alten Dame waren unverarbeitete Kriegserlebnisse in der Kindheit. Damals gab es einfach nicht genügend zu essen und man lebte von der Hand in den Mund. Dementsprechend konnte die alte Frau Verdorbenes nicht wegschmeißen, sondern hortete es für „schlechte Zeiten". Nachdem die Tochter die Hintergründe des Verhaltens verstand, ging sie dazu über, die abgelaufenen Lebensmittel heimlich zu entsorgen, und die Streitigkeiten hatten ein Ende.

Was in solchen Fällen ebenfalls hilft, ist, sich mit anderen betroffenen Angehörigen in einer ähnlichen Situation auszutauschen und gemeinsam nach einer Lösung zu suchen. Denn viele haben das, was Sie im Moment mit dem Ihnen anvertrauten alten Menschen erleben, selbst schon erfahren und können Ihnen wertvolle Ratschläge geben. Gleichzeitig fühlen Sie sich verstanden und nicht mehr so alleine in Ihrer Situation.

Doch eine häusliche Pflegesituation zeigt uns Pflegenden natürlich nicht nur persönliche Grenzen und Belastungen auf, sondern vermittelt genauso *Kenntnisse bzw. Fertigkeiten*, welche wir ohne sie wahrscheinlich niemals erlangt hätten. Um sich dieser wertvollen Ressourcen deutlich zu werden, hilft es, sich in regelmäßigen Abständen Gedanken um diese Themen zu machen (Haye & Kleve, 2011, zitiert nach Ehlers et al., 2017):

- Über welche persönlichen Fähigkeiten und Kompetenzen verfüge ich?
- Auf welche materiellen Ressourcen kann ich zurückgreifen?

- Wer unterstützt mich in meinem privaten Umfeld?
- Welche positiven Kontakte oder Angebote bestehen im öffentlichen Raum?

Bei der Beantwortung dieser Fragen ist es sinnvoll, dies in Form einer Auflistung zu tun. Gehen Sie in sich und schreiben Sie Ihre Ressourcen in den unterschiedlichen Bereichen auf ein Blatt Papier. Sie werden sehen, dass es mehr Unterstützungsoptionen gibt, als Sie zunächst annehmen. Die Unfallkasse NRW empfiehlt in ihrer Broschüre „Handlungshilfen für pflegende Angehörige“ (2018) beispielsweise, eine Art *Netzwerkübersicht* zu erstellen, in der unterstützende Menschen bzw. Insitutionen sowie deren jeweilige Kontaktdaten aufgelistet sind. Das Tolle daran: Während der gesamten Pflegezeit können Sie immer wieder auf diese Übersicht zurückgreifen und die Liste wenn nötig erweitern oder Veränderungen aufführen. So haben Sie (nicht nur wenn es schnell gehen muss) die Kontaktdaten Ihrer Netzwerkpartner:innen stets zur Hand.

Doch gehen wir noch ein wenig näher auf die vorgenannten Themenfelder ein. Besonders das Vorhandensein von *persönlichen Fähigkeiten und Kompetenzen* betrifft ein weitreichendes Spektrum, das vielen Pflegenden im ersten Moment gar nicht bewusst ist. So geht es bei der persönlichen Reflexion zum Beispiel darum, welche *Lernerfahrungen* die Pflegenden in ihrem Leben bislang gemacht haben, welche *Hobbys* bzw. *Interessen* sie haben bzw. über welche *positiven Fähigkeiten* sie generell verfügen. Viele der mir bekannten pflegenden Angehörigen sind im Laufe der Zeit beispielsweise *flexibler* geworden und entwickelten mehr *Geduld* im Umgang mit älteren Personen. Genauso eigneten sie sich *neue Fertigkeiten* an (z. B. Wissen um das jeweilige Krankheitsbild, richtiges Lagern und Transfer der pflegebedürftigen Person) und entspannten sich bei einem *regelmäßig ausgeführten Hobby* (z. B. Walken, Malen, Lesen). Ferner spielen in der Pflege Fähigkeiten wie eine *ausgeprägte Sozialkompetenz*, das heißt ein gutes Einfühlungsvermögen, Kommunikationsfähigkeit und Kreativität im Hinblick auf die Entschärfung problematischer Situationen eine nicht zu unterschätzende Rolle. Und nicht wenige Pflegende berichten mir, dass sie insgesamt *bewusster leben* und sich in ihrer *Widerstandskraft gestärkt* fühlen.

Doch nicht nur persönliche Fähigkeiten sind hilfreich in einer Pflegesituation, sehr nützlich ist ebenfalls das Vorhandensein von *materiellen Ressourcen*. Viele alte Menschen und deren Angehörige verfügen über *Barvermögen*, *Ersparnisse*, ein eigenes *Haus*, *Renten*, *Versicherungsverträge* usw. Reichen diese Mittel nicht aus, können externe Gelder beantragt werden wie zum Beispiel Pflegegeld, Hilfe zur Pflege oder Grundsicherung (siehe Kapitel 4).

Ferner sollten Sie sich unbedingt Gedanken darüber machen, auf welche *Unterstützung* Sie *im Privatleben* zurückgreifen können, um sich die Pflege zu erleichtern. Gibt es vielleicht eine *Freundin oder Bekannte*, welche Sie zeitweise unterstützen kann? Ist ein *Nachbar* auf der Suche nach einem Nebenjob? Kann Ihre *Tochter* bzw. Ihr *Sohn* das Organisatorische managen oder den Getränkekasten in den Keller tragen? Nicht wenige Pflegende berichten, dass der Familienverbund durch die Betreuung eines alten Menschen gestärkt wird und sich dies positiv auf innerfamiliäre Beziehungen auswirkt. Nutzen Sie also diese Chance und schämen Sie sich bitte nicht, um Hilfe zu bitten. Im besten Fall werden Sie durch ein intensiveres Verbundenheitsgefühl und das Wissen, Gutes zu tun, belohnt.

Nicht zuletzt ist es darüber hinaus sinnvoll, sich möglicher *nützlicher Kontakte im öffentlichen Raum* bewusst zu sein. Das kann die beratende Dame oder der Herr vom Pflegestützpunkt sein, die engagierte Hausärztin bzw. der engagierte Hausarzt, die:der einfühlsame Seelsorger:in usw. In der Pflegelandschaft gibt es viele Anlaufstellen und Menschen, die Ihnen gerne behilflich sind oder Sie neben Ihrer verantwortungsvollen Tätigkeit ein gesundes Maß an Selbstfürsorge nicht vergessen lassen. Lebhaft erinnere ich mich an dieser Stelle an eine pflegende Angehörige, die zweimal pro Woche mit ihrer Walkinggruppe eine Runde im Park drehte, während ich mich um ihren blinden Vater kümmerte. Der Sportverein war für die Pflegende ein wichtiger Anker, der „wöchentliche Ausflug ins normale Leben", wie sie mir oft mit apfelroten Wangen erzählte, wenn sie zurückkam. Genau so kann eine gesund gelebte Selbstfürsorge aussehen.

Nachdem Sie sich Gedanken um Ihre eigenen Stärken sowie Grenzen gemacht haben, richten wir unseren Blick nun auf die *Beziehung, welche zwischen Ihnen und dem alten Menschen besteht.* Wer eine:n hilfsbedürftige:n Angehörige:n zu versorgen hat, kann eine wunderbar tragende Basis der Verbundenheit schaffen, indem sie:er auf empathische Art und Weise herauszufinden versucht, wie sich die Zukunft trotz (und vor allem *mit*) der Pflegebedürftigkeit lebensbejahend gestalten lässt. Wenn dies gelingt, bedeutet das einen Perspektivenwechsel, und zwar weg von einer Art Hoffnungslosigkeit hin zu neuem Lebensmut. Selbstverständlich wird es noch genügend emotionale Einbrüche und sorgenvolle Situationen geben, aber alleine schon durch einen sensiblen Umgang mit der pflegebedürftigen Person lassen sich ein paar von deren Ängsten mildern. Und das wiederum wirkt sich positiv auf Ihrer beider Beziehung aus – der alte Mensch ist entspannter und Sie als pflegende:r Angehörige:r spüren dies im Alltag. Um diesen positiven Prozess bewusst anzustoßen, könnten Sie sich ein paar *innere Leitfragen* stellen (Teusen, 2020, S. 75), nämlich:

- Wie kann ich die Ängste der zu betreuenden Person mildern?
- Wie kann ich die Person ermutigen, verbliebene Ressourcen auszuschöpfen?
- Wie spende ich dem alten Menschen Trost?

Gertrud Teusen schlägt im Buch „Vom Glück und Schmerz sich um andere zu kümmern“ im Falle eines von einer schweren Diagnose betroffenen Menschen vor:

> „Fragen Sie ihn beispielsweise, was passieren müsste, damit er wieder Freude am Leben hat. Zumindest in der ersten Zeit nach der Diagnose wird wahrscheinlich die erste Antwort lauten: Dass das Leben wieder so wird wie früher. Lassen Sie es nicht bei dieser Ant-

wort bewenden, sondern fragen Sie nach, was sein jetziges Leben ein bisschen lebenswerter machen könnte. Lassen Sie ihn möglichst viele unterschiedliche Vorschläge machen. Je mehr Möglichkeiten er findet, umso mehr Lebensmut fasst er.“

Viele Ältere schöpfen Kraft aus ihrer schriftlich fixierten Lebensgeschichte, besonders Demenzkranke profitieren von einem gemeinsam erstellten *Erinnerungsbuch* (Powell, 2009). Um dieses anzulegen, braucht es gar nicht viel, lediglich ein größeres Fotoalbum, in das Fotos sowie Zeitungsausschnitte, Urkunden oder andere Dokumente passen. Da die Erinnerungen an die Vergangenheit mit der Zeit immer mehr verblassen, ist es für jeden alten Menschen eine hilfreiche Sache, prägende Lebensstationen oder Informationen zu Beruf, Hobby und Familie chronologisch zu dokumentieren. Sogar Angehörige haben meist große Freude daran, so ein Erinnerungsalbum gemeinsam mit der pflegebedürftigen Person zu erstellen. Das verwundert nicht, weil es ein spannendes Projekt ist, das die *Zeit füllt*, *angenehme Erinnerungen wieder aufleben lässt* und die *Beziehung zwischen den Erstellenden stärkt*. Darüber hinaus vermittelt es der älteren Generation ein Gefühl von *Sinn, Sicherheit bzw. Selbstvertrauen* und ist eine wichtige *Bezugsquelle von Schlüsselerlebnissen*. Nur eines ist dabei zu beachten: Vermeiden Sie bitte unbedingt die Aufnahme belastender Erinnerungen und konzentrieren Sie sich nur auf das Positive. Schließlich soll das Album Ihrer Familie Freude vermitteln und nicht frustrieren.

In meiner Arbeit passiert es mir oft, dass Klient:innen an mich herantreten und gerne eine *persönliche Lebensbiografie* erstellen möchten. Diese Arbeit erfordert viel Vertrauen von beiden Seiten, denn die Geschichten und Schicksale sind für die alten Leute ja nicht immer leicht zu erzählen. Doch zum Glück gibt es in einem langen Leben nicht nur Schwieriges, sondern genauso die Erinnerung an erfüllende Erlebnisse wie zum Beispiel das Feiern vergangener Feste, die Zeit mit liebgewonnenen Haustieren, die Geburt der Kinder oder Hobbys, welche der alte Mensch Zeit seines Lebens gerne pflegte. Nachdem die Biografie in eine schriftliche Form gebracht wurde, hält die Familie ein wunderbares Erinnerungsstück an ihn in den Händen. Oft zeigt sich, dass gerade diese Aufzeichnungen eine gute Grundlage für die weitere gemeinsame Kommunikation sein können. Manche Pflegende, die nicht so kreativ sind, füllen bereits *vorgefertigte Erinnerungsbücher* aus (z. B. „Oma erzähl mal"-Bücher, welche Fragen zur persönlichen Biografie stellen) und ergänzen sie mit persönlichen Inhalten (alten Tagebucheinträgen, Urkunden, Zeugnissen, Zeitungsartikeln usw.). Das macht ebenfalls Spaß und ist weniger aufwendig zu organisieren. Zuversicht spenden mit *biografischen Objekten* können Sie sogar Menschen, die bettlägerig sind und sich nicht mehr mitteilen können, sie sind meist noch gut über ihre Sinne (z. B. Hören, Riechen, Sehen, Schmecken) zu erreichen und empfinden dabei Wohlgefühl. Entscheidend ist jedoch, nicht zu vieles anzubieten, um einer Reizüberflutung entgegenzuwirken. Gerne erinnere mich an eine alte Dame, die Zeit ihres Lebens hingebungsvoll ihren Rosengarten pflegte. Als sie im Sterben lag, konnte sie nicht mehr sprechen und die Kommunikation gestaltete sich schwierig. Als ich ihr jedoch eine wunderbar duftende Moschus-Rose unter die Nase hielt, erschienen in ihren kristallklaren Augen Tränen.

Liebe:e Leser:in, egal, wie Sie mit alten Menschen arbeiten – für eine gute Beziehungsgestaltung ist es wichtig, dass Sie der Person stets *wertschätzend* begegnen und sie annehmen, wie sie ist. *Stärken Sie das Selbstvertrauen*, loben Sie das, was sie noch kann, und berücksichtigen Sie dabei deren *Vergangenheit* (z. B. Wissen um Herkunft und Lebenslauf), *Angewohnheiten* (Aufstehzeiten, Hobbys usw.) und *Wertvorstellungen* (Person legt z. B. Wert auf Ordnung). Nicht weniger wichtig ist die Beachtung der *Würde* eines alten Menschen, da viele Situationen in der Pflege (z. B. die Körperpflege) oftmals mit Scham behaftet sind (Immenschuh & Marks, 2017). Achten Sie deshalb darauf, der Person, die Sie pflegen, auf Augenhöhe zu begegen und sie so gut es geht in Entscheidungen oder Aktivitäten einzubinden. Gewähren Sie ihr Schutz in sensiblen Situationen (z. B. Intimpflege mit Handschuhen verrichten, Verlassen des Raumes beim Toilettengang) und respektieren Sie individuelle Bedürfnisse (erfragen Sie z. B., ob Hilfe beim Aufstehen gewünscht wird). So fühlt sich der alte Mensch bei Ihnen geborgen und Ihre Beziehung wird gestärkt.

Manchmal aber fällt es pflegenden Angehörigen verständlicherweise schwer, diese emotionale Aufbauarbeit immer wieder aufs Neue zu leisten. Es verlangt eine große Stärke und ein intensives Gefühl von Liebe bzw. Zuneigung, sonst gelingt es nur schwer und fühlt sich einfach nicht „echt" an. So ist man als Pflegende:r oft mit eigenen Gefühlen und Unsicherheiten beschäftigt, was die Beziehung zur gepflegten Person nicht unbedingt einfacher macht. Was die zwischenmenschliche Kommunikation aber erleichtern kann, ist, sich immer mal wieder *in die Situation des alten Menschen hineinzuversetzen*. Das bedeutet, zu verstehen, was der Begriff „Alter" und die damit oft zusammenhängende Multimorbidität (d. h. das Vorhandensein von Mehrfacherkrankungen) für den betroffenen Menschen eigentlich bedeutet. Monika Specht-Tomann (2012, S. 56) beschreibt das oft vorherrschende Empfinden bei Senior:innen so:

> „Was über viele Jahre weg geschoben werden kann, lässt sich im Alter nicht mehr ausgrenzen. In diese mehr oder weniger bewusste Angst vor dem Verlust des eigenen Lebens mischt sich immer häufiger auch die Angst vor dem Verlust des Selbst. Die kleinen Vergesslichkeiten des Alltags werden zunehmend mit Erstaunen, später immer häufiger mit Schrecken bemerkt. Der Verlust von Sinnesfähigkeiten verschärft die Situation noch: Nicht mehr so gut sehen oder hören zu können, bedeutet auch, von der Welt der Farben und Töne nach und nach abgeschnitten zu sein – und dies nicht nur vorübergehend! Auch wenn einige Defizite durch technische Hilfen ausgeglichen werden, können sie nicht darüber hinweg täuschen, dass es sich um einen endgültigen Abschied von den Fertigkeiten und Fähigkeiten junger Jahre handelt."

Nachdem Sie diese Worte gelesen haben, können Sie sich sicher viel besser vorstellen, wie hilflos sich die Person in Ihrem Umfeld fühlt, wenn sie immer mehr auf andere angewiesen ist und feststellt, dass ihre körperlichen und geistigen Fähigkeiten nachlassen. Stellen Sie sich vor: Wie würde es *Ihnen* gehen, wenn Sie an deren Stelle wären? Was würden *Sie* tun, denken, fühlen? Wie würden *Sie* reagieren, wenn jemand auf Sie zukommt und etwas von Ihnen möchte, das Sie selbst nicht wollen oder gar einschätzen können? Womöglich ähnlich. Sich selbst in so einer Situation nicht aufzugeben, manchmal sauer, unsicher und deprimiert zu sein, ist eine enorme Herausforderung für einen älteren Menschen. Oft genug wird er deswegen wahrscheinlich nicht so reagieren, wie man es sich wünscht, doch das ist menschlich. Keiner von uns ist stets aufgeschlossen für die Anliegen unserer Umwelt, manchmal überwältigen uns stattdessen die Gefühle, welche tief in uns vorherrschen.

Manchen Pflegenden hilft es für ein besseres Verständnis, einmal in die Perspektive des betagten Familienmitglieds einzutauchen (Franckh, 2006). Betrachten Sie hierfür ein Kinderfoto der Seniorin bzw. des Seniors und vergleichen Sie es mit einem, das diesen Menschen heute zeigt. Konzentrieren Sie sich bitte zunächst auf das Foto des Kindes und lächeln Sie diesem Bild aufgeschlossen zu. Lassen Sie sich ganz auf das dargestellte Kind ein, fühlen Sie seine Gefühle, Nöte, Sorgen oder Ängste. Erkennen Sie mögliche Wunden und Negativerfahrungen, die das Kind womöglich in sich trägt. Vielleicht spüren Sie sogar den Schmerz, der bis heute noch in dem nun erwachsenen Kind steckt. Fühlen Sie das Unverarbeitete, das Immer-noch-Quälende nach, das womöglich eine Ursache für Verhaltensweisen dieser Person in der Jetzt-Zeit ist. Betrachten Sie nun im zweiten Schritt das Bild der erwachsenen Person. Verstehen Sie nun von ihr an den Tag gelegte Verhaltensweisen, welche Ihnen oftmals als sinnlos und fremd erscheinen, vielleicht etwas besser? Womöglich erkennen Sie, dass die Person aufgrund des Erlebten in der Vergangenheit oder des gegenwärtigen Schmerzes manchmal gar nicht anders handeln kann. In den seltensten Fällen hat das etwas mit Ihnen zu tun. Diese erwachsene Person auf dem Bild, selbst wenn sie noch so alt ist, ist in ihrem tiefsten Inneren ein verletztes Kind. Es ist an vielen Tagen beherrscht von Trotz, von Wut, von Misstrauen, von Ängstlichkeit und sicherlich oft genug von Hoffnungslosigkeit.

Es wünscht sich von Ihnen Verständnis und Zugewandtheit. Es sehnt sich nach einer Liebe, welche die Mauern von Streit, Distanz, Wut und Missverständnissen durchdringt und ihm ein Gefühl von Geborgenheit vermittelt, gerade jetzt in dieser schwierigen Zeit.

Doch selbst wenn im besten Fall ein einfühlsames Verstehen der:des anderen gelingt, erschwert nicht selten das *Vorhandensein von emotionalen Verletzungen* die Beziehung zwischen Alt und Jung. Möglicherweise hat der hilfsbedürftige Mensch zu früherer Zeit etwas gesagt, das Sie verletzt hat und das Sie bis heute nicht verwinden konnten? Oder es plagt Sie ein schlimmes Erlebnis aus der Kindheit? Womöglich gibt es unterschwellige Vorwürfe, welche in Ihren gegenseitigen Aussagen mitschwingen? Egal, was in der Vergangenheit vorgefallen ist, es beeinflusst das Miteinander zwischen Ihnen und der pflegebedürftigen Person. Hier schwebt das große Thema *Vergebung* im Raum, welches die Beziehung zwischen Ihnen bereichern könnte. Jemandem aufrichtig zu vergeben kann sehr heilsam sein, sowohl für die:den Vergebende:n als auch für die andere Partei. Mentalcoach Pierre Franckh geht sogar noch weiter. Er schreibt in „21 Wege, die Liebe zu finden" (2006), dass wir anderen *ausschließlich um unserer selbst willen* vergeben. Tun wir das nicht, behalten wir die schlechten Gefühle in uns, was im schlimmsten Falle unsere Gesundheit schädigt. Dass Vergebung unserer Gesundheit dienlich ist, gilt mittlerweile als unumstritten, Psychotherapeut Konrad Stauss beschreibt es in einem Interview mit diesen Worten (Weiss, 2015, S. 156–158):

> „Forscher konnten nachweisen, dass es einen Zusammenhang zwischen Vergebung und körperlicher Gesundheit gibt. Wer vergibt, der hat langfristig einen niedrigeren Blutdruck, einen langsameren Puls, geringere Mengen an Stresshormonen in den Adern. Menschen, denen Vergebung gelingt, leiden auch seltener an chronischen Schmerzen, etwa im Rücken. […] Vergebung, das zeigen viele Studien, stabilisiert die Psyche. Und das ist die wichtigste Voraussetzung, um nach einer Verletzung auch wieder nach vorn schauen und sein Leben bewusst und selbst gestalten zu können."

Darüber hinaus betrachtet Konrad Stauss den Prozess des Vergebens als eine Art „Reise“. Er erklärt:

> „Der Ausgangspunkt des Weges ist immer die Verletzung selbst. Man muss mitten durch den Schmerz hindurchgehen, also Gefühle wie Trauer und Wut, Angst und Scham wirklich spüren, benennen und ausdrücken.“

Wie stehen Sie zu dem Thema Vergebung? Möchten Sie vergeben und sich in Ihrem Pflegealltag besser fühlen? Aber wie soll das gehen, ohne den alten Menschen in Ihrem Umfeld direkt damit zu konfrontieren? Eine Idee wäre ein Vergebungsritual in Form eines *Abschiedsbriefes* (Englbrecht, 2010). Falls das etwas für Sie ist, planen Sie zum Schreiben dieses Briefes ausreichend Zeit ein und kommen Sie erst zum Schluss, wenn Sie all das, was Sie belastet, in Worte gefasst haben. Vielleicht schaffen Sie es darüber hinaus sogar, das zu formulieren, was Sie aus der Situation gelernt haben, bzw. darzustellen, inwiefern es Ihnen für die Zukunft dienlich sein kann. Der Hintergrund: Das Geschehene unter anderem aus einer gewinnbringenden Perspektive zu betrachten ermöglicht es, sich selbst als aktiv steuernde Person und weniger als Opfer wahrzunehmen. Wenn Sie schließlich das Gefühl haben, all das, was Ihnen wichtig ist, formuliert zu haben, stecken Sie den Brief in einen Umschlag und schicken ihn symbolisch an die Person, welcher Sie vergeben möchten. Vielleicht vergraben Sie den Brief im Garten, zerreißen oder verbrennen ihn – Möglichkeiten hierfür gibt es viele. Wählen Sie die Art, die sich für Sie stimmig anfühlt, und erleben Sie diese Zeremonie bewusst mit dem Gedanken, dass Sie mit ihrer Hilfe einen Abschluss finden möchten. Danach schauen Sie, wie es Ihnen geht. Hat es Ihnen Erleichterung verschafft?

Dies waren nur einige Vorschläge, wie Sie die Beziehung untereinander positiver gestalten und Ihre Bindung stärken können. Unabhängig davon möchte ich gerne noch etwas Grundsätzliches anmerken: Sie als Pflegende:r haben immer einen bedeutenden Einfluss auf Ihre:n Angehörige:n, selbst wenn Ihnen das vielleicht gar nicht so bewusst ist. Das bedeutet, *Sie* haben die Macht, dem eventuell verletzten inneren Kind dieses alten Menschen die dringend benötigte Liebe zu schenken. Fassen Sie deshalb, auch wenn Sie manchmal frustriert sind, immer wieder neuen Mut und gehen Sie auf den hilfsbedürftigen Menschen in Ihrem Umfeld zu. Sie sind eine wichtige Kraftquelle für ihn und ein Rettungsanker in schwieriger Zeit. Der Lohn Ihres Engagements wird eine intensivere emotionale Verbundenheit sein, welche Sie auch in Zukunft durch alle Höhen und Tiefen tragen wird.

Ein letzter Gesichtspunkt, der eine „gute Pflege" ausmacht, ist die *Fähigkeit, mit ganz konkreten Alltagsproblemen umzugehen*. Denn wie Sie wahrscheinlich ahnen, wird es leider immer wieder Schwierigkeiten geben, von deren Existenz Sie heute noch nichts wissen, welche aber bereits hinter der nächsten Ecke lauern. Ich kenne nicht wenige Pflegende, die sich wie eine Art Jongleur:in vorkommen und mit unterschiedlichsten Herausforderungen zeitgleich hantieren. Genauso kommen mir Sätze unter wie zum Beispiel: *„Ich bin wie ein Tennisspieler und schlage Ball für Ball wieder zurück."* Oder auch: *„Nie weiß ich, von welcher Seite der nächste Schlag kommt."* Dieses Empfinden ist nachvollziehbar, denn bei jeder häuslichen Pflege kann sich die Situation verändern. Deswegen muss ich als pflegende:r Angehörige:r wissen, *wie ich mit Problemsituationen umgehen und sie lösen bzw. mir neue Ziele erschließen kann*. Es hilft mir, Kenntnis darüber zu haben, wen ich in Bezug auf welches Problem ansprechen kann und welche Entlastungsmöglichkeiten es für mich auf dem Pflegemarkt gibt. Um dies herauszufinden, möchte ich Ihnen gerne einen *grundlegenden Problemlösungsansatz* vorstellen, den Sie bei unterschiedlichsten Schwierigkeiten anwenden und aus dem Sie sich Handlungsperspektiven erschließen können (Abderhalden, Schulz, Stefan & Winter, 2007, S. 87–93). Der Ansatz besteht aus fünf Schritten:

1. **Definieren Sie das Problem, welches Sie lösen möchten.**
2. **Überlegen Sie sich unterschiedliche Vorgehensweisen.**
3. **Werden Sie sich darüber klar, welche Lösungsoption Sie als Erstes angehen möchten.**

4. Tun Sie etwas.
5. Reflektieren Sie das Geschehene.

Um die Methode anwenden zu können, empfehle ich Ihnen wieder, die einzelnen Schritte in schriftlicher Form zu fixieren. Sie haben dann einen guten Überblick über die verschiedenen Optionen und können die getätigten Aufzeichnungen für die Zukunft aufbewahren. Doch lassen Sie uns die Methode nun Schritt für Schritt auf Ihre Situation anwenden. Im *ersten Schritt* ist es wichtig, das Problem, welches Sie lösen möchten, in Worte zu fassen. Entscheidend dabei ist, konkret zu formulieren, das heißt, *ein großes, übergeordnetes Problem* wie zum Beispiel „Ich komme mit der Pflege nicht mehr zurecht" *in fassbare Teile* zu untergliedern. Gibt es verschiedene pflegerische Probleme in Ihrem Leben, packen Sie nicht gleich alle an, sondern beginnen mit einem. Die anderen Schwierigkeiten arbeiten Sie zu einem späteren Zeitpunkt ab. Doch wie schaffen Sie es, ein Problem ganz konkret zu formulieren, sodass sich daraus Handlungsperspektiven erschließen? Indem Sie das vage formulierte Problem genauer formulieren. Am soeben genannten Beispiel „Überforderung in der Pflege" überlegen Sie am besten, was genau Sie mit dem Ausdruck „nicht mehr zurechtkommen" meinen. Ein paar Möglichkeiten: „Ich habe keine Zeit mehr für mich", „Mein:e Angehörige:r ist so aggressiv", „Ich leide ständig unter Rückenschmerzen" usw.

Entscheiden Sie sich für eines dieser Probleme und überlegen Sie sich, womit wir zum *zweiten Schritt* kommen, verschiedene Lösungsmöglichkeiten. Dabei macht es Sinn, alle Ideen zunächst ungefiltert aufzuschreiben – notieren Sie am besten alles, was Ihnen spontan einfällt. In diesem Beispiel entscheiden wir uns für die Herausforderung „Ich habe keine Zeit mehr für mich". Unterschiedliche Vorgehensweisen, um das Problem zu lösen, könnten folgende sein:

- Ich erstelle einen Tages- bzw. Wochenplan und suche nach Freiräumen.
- Ich stehe früher auf und widme mich einem Hobby.
- Ich bespreche das Problem mit anderen Angehörigen usw.

Notieren Sie bei *allen Vorgehensweisen jeweils Vor- und Nachteile* und entscheiden Sie sich am Ende, damit haben wir den *dritten Schritt* erreicht, für *diejenige, welche Ihnen am angenehmsten umzusetzen scheint.* In unserem Beispiel ist es die Erstellung eines Tages- bzw. Wochenplans. Dieses Vorgehen hätte für Sie wahrscheinlich folgende Vor- und Nachteile:

Nachteil:
Es braucht Zeit und ist aufwendig, einen Plan zu erstellen.
Vorteil:
Ich habe eine gute Übersicht über das, was ich leiste, und kann Ruhezeiten entsprechend organisieren.

Im *vierten* Schritt kommen Sie ins Handeln, das heißt, Sie setzen sich tatsächlich mit Stift und Papier bewaffnet an einen Tisch und erstellen einen *strukturierten Tages- bzw. Wochenplan* (Unfallkasse NRW, 2018, S. 34–37). Geben Sie dabei Uhrzeiten an und beschreiben die Arbeiten, welche Sie während dieser Zeit verrichten (z. B. Montag, 8 bis 9 Uhr: Anrichten des Frühstücks und gemeinsames Essen). So verfahren Sie von Montag bis Sonntag. Ist Ihnen das zu ausufernd, können Sie sich zunächst auch nur auf einen Tag konzentrieren. Nachdem Sie nun diesen Plan vor Augen haben, überlegen Sie, *was* Sie tun wollen, um sich mehr Freiräume zu verschaffen, *wann* und *wie* Sie es tun wollen.

Beispiel:
- Zunächst lege ich im Plan Zeiträume fest, für die ich bei der Pflege eine Vertretung suche (z. B. montags von 13 bis 15 Uhr). In dieser Zeit möchte ich gerne im Park spazieren gehen ➧ **WAS**
- Morgen werde ich verschiedene Stellen kontaktieren, um ab Mai eine Vertretung für mich zu finden ➧ **WANN**
- Zunächst rufe ich beim ehrenamtlichen Besuchsdienst „Helfende Hände“ an und erkundige mich, ob zu der gewünschten Zeit regelmäßig eine Betreuungsperson zur Verfügung steht. Habe ich hier keinen Erfolg, werde ich meine Nachbarin fragen, ob sie in

dieser Zeit vielleicht einspringen kann. Eine dritte Option wäre noch die Dame vom Pflegedienst, welche über die stundenweise Verhinderungspflege finanziert werden könnte ➧ **WIE**

Grundsätzlich gilt es, jeden Tages- bzw. Wochenplan gründlich darauf abzuklopfen, wo sich *regelmäßig Zeiten für Ihre Freiräume* finden lassen. Gerne können Sie hierfür die Hilfe von *Fachpersonen* (Pflegeberatung, Pflegestützpunkt, Fachstellen für pflegende Angehörige usw.) in Anspruch nehmen und sich kostenlos über *vertretende Personen* (z. B. Ehrenamtliche) oder *Institutionen* (Tagespflegeeinrichtung usw.) beraten lassen. Für diese Instanzen ist es interessant, ob Sie nur für einen kurzen Zeitraum (d. h. für einige Stunden) oder länger (z. B. tage- oder wochenweise) Entlastung suchen und an welchem Ort Sie Ihre Freizeit verbringen möchten (d. h. in der häuslichen Umgebung in einem anderen Raum oder extern). Je nachdem können Sie die entsprechenden Stellen ansprechen bzw. finanzielle Unterstützungsoptionen Ihrer Pflegekasse prüfen.

Ein paar Anregungen aus der Praxis, wie pflegende Angehörige sich im Alltag mehr Zeit für sich verschaffen (Unfallkasse NRW, 2018):

- Manche fühlen sich mit der Zeit von der Fülle der Aufgaben (Pflegetätigkeiten, Haus- und Putzarbeiten, Organisatorisches, Arzt- und Behördengänge, Einkaufen usw.) überfordert. Im Gespräch mit den restlichen Familienmitgliedern (bzw. Freund:innen, Bekannten usw.) werden die Aufgaben untereinander aufgeteilt, sodass nicht alle Verantwortung auf einer Person lastet und diese mehr Zeit für sich hat.
- Andere möchten nicht jeden Tag frisch kochen und organisieren einen Menüservice, welcher das Essen bringt. Genauso gibt es Anbietende, die nahrhafte und hervorragend schmeckende Tiefkühlspeisen liefern, welche sich schnell und unkompliziert erwärmen lassen. So wird weniger Zeit für das Kochen verwendet und die Zeit kann anders genutzt werden.

- Viele Auszeiten für Pflegende lassen sich über die Inanspruchnahme einer Verhinderungspflege bzw. Kurzzeitpflege organisieren. Genauso profitieren Pflegepersonen davon, wenn der ältere Mensch ein- oder mehrmals pro Woche eine Tagespflegeeinrichtung besucht. Dies alles wird von der Pflegekasse finanziell unterstützt. Lassen Sie sich von Ihrer Pflegekasse beraten.
- Häusliche Betreuer:innen von Demenzkranken bringen diese oft stundenweise in sogenannte „Demenzcafés" – dort werden die Senior:innen je nach vorhandenen Fähigkeiten gefördert (Singen, Spielen usw.) und die Angehörigen haben frei. Umgekehrt kommen Demenzbetreuer:innen auch gerne stundenweise ins Haus.
- Bezieher:innen von Pflegegeld geben zunächst selbst getätigte Pflegetätigkeiten bei Verschlechterung des Krankheitsbildes an einen Pflegedienst ab (= Wechsel vom Bezug des Pflegegeldes zu einer Pflegesachleistung) und werden dadurch von Fachpersonen entlastet.
- Da bei einer häuslichen Pflege oft unterschiedliche Gänge (zum Einkaufen, in die Arztpraxis, zum Sanitätshaus usw.) anfallen, werden diese oft in einem Aufmarsch erledigt, anstatt jede Fahrt einzeln zu tätigen. Das verbraucht weniger Zeit und schafft Freiraum für anderes.
- Oftmals gibt es Ehrenamtliche oder Besuchsdienste von Kirchen, die stundenweise bei der häuslichen Betreuung einspringen – viele pflegende Angehörige nutzen die Vielfalt dieser Angebote.

Der *letzte Schritt* unserer Problemlösung ist die *Reflexion* des Geschehenen (Abderhalden et al., 2007, S. 87–93). Fragen Sie sich: Hat Ihr gewählter Lösungsweg Erfolg gebracht oder gibt es noch Verbesserungsbedarf? Falls Ihr Plan *nicht* zum Erfolg geführt hat, können Sie eine *andere Vorgehensweise aus Schritt 2* versuchen oder *die gewählte Vorgehensweise verbessern*. Haben Sie eine Lösung für Ihr Problem gefunden, können Sie dieses Wissen für künftige Herausforderungen nutzen.

Biografischer Blick

Herausforderungen gehören zum menschlichen Leben dazu, genauso wie bereichernde Erlebnisse und Erfahrungen. Wichtig dabei ist, nicht in den problematischen Zuständen stecken zu bleiben, sondern den eigenen Blick auf mögliche Lösungen zu richten. Indem ich mich auf das Positive konzentriere, lasse ich das Negative los und investiere meine Energie gewinnbringender. Dazu muss ich mich von Altem verabschieden, um Neues in mein Leben zu bringen. Erwachsenenbildner Dr. Hubert Klingenberger drückt diesen Vorgang passenderweise so aus (2003, S. 155): „*Loslassen heißt nicht nur frei werden von etwas, sondern auch frei werden für etwas.*“

In diesem letzten Kapitel des vorliegenden Buches haben Sie die Methode der biografischen Selbstreflexion kennen- und anwenden gelernt. Mit ruhigem Geist immer wieder in sich zu gehen und sich Gedanken um ein bestimmtes Thema zu machen bedeutet nichts mehr, als Lösungen zu finden, die sowieso schon im eigenen Selbst verborgen sind. Ihr ganzes Leben, Ihre Vergangenheit, Ihre Erlebnisse und Erfahrungen formen Ihre Identität und bereiten Sie vor auf das, was noch kommt. Dabei entwickelt sich die hierfür notwendige Stärke nicht aus körperlicher Kraft, sondern aus einem unbeugsamen Willen, wie schon der Freiheitskämpfer Mahatma Gandhi feststellte. Ich wünsche Ihnen, dass Sie genau diese Stärke nun ebenfalls aus sich hervorholen, freier von Ihren Belastungen werden und Ihren Fokus verstärkt auf das Positive richten – zum eigenen Wohl und dem des Ihnen anvertrauten Menschen. Fassen Sie Mut und gehen Sie's an – es lohnt sich, das verspreche ich Ihnen.

Nachwort

Liebe:r Leser:in, wir sind nun am Ende dieses Ratgebers angelangt. Ich hoffe, Sie konnten einiges für sich mitnehmen, das Ihnen im Alltag hilft. Bitte achten Sie gut auf sich und beobachten Sie sich genau. Wenn Sie schon länger feststellen, dass Sie nicht mehr abschalten können, sich für Ihre:n Angehörige:n als unersetzlich fühlen oder nur noch rotieren, sollten sie sich Unterstützung ins Boot holen oder die anfallenden Tätigkeiten anders organisieren. Dies verschafft Ihnen wertvolle Atempausen. Wie Sie erfahren haben, sind regelmäßige Auszeiten (und seien sie noch so kurz) unersetzlich, wenn man einen Menschen so liebevoll pflegt, wie Sie es im Moment tun. Der in meinen Augen allerwichtigste erste Schritt hierzu ist, sich bewusst zu machen, dass Sie als Pflegende:r eine wie auch immer geartete Hilfe von außen in Anspruch nehmen *dürfen* und *sollen*. Sie müssen das alles nicht alleine stemmen, denn das, was Sie gerade tun, kann kein Mensch auf Dauer alleine leisten, ohne seelisch und körperlich Schaden zu nehmen. Das Optimalste für eine gute pflegerische Versorgung wird immer ein Mix aus familiären und externen Hilfeleistungen sein. Stellen Sie sich diesen vor wie einen bunten Teppich, welcher zusammengewebt aus verschiedenen Fäden am Ende ein tragendes Ganzes ergibt. Gestehen Sie sich diese Hilfe bitte zu, erlauben Sie sich, sie anzunehmen – selbst wenn die Person, die Sie gerade pflegen, anfänglich vielleicht nicht damit einverstanden ist oder Sie selbst mit sich hadern. Vergessen Sie nicht: Es gibt immer einen Weg, man muss ihn „nur" finden. Darüber hinaus wünsche ich Ihnen, dass Sie auf Ihrem pflegerischen Weg auch in Zukunft noch viele wertvolle Erfahrungen machen und anderen Menschen Liebe schenken bzw. sie empfangen. Machen Sie sich immer wieder bewusst, dass das, was Sie jeden Tag für eine:n andere:n tun, unbezahlbar ist. Seien Sie weiterhin für andere Menschen ein Anker in einer schwierigen Zeit. Ich für meinen Teil bin dankbar, dass ich ein Stück des Weges gemeinsam mit Ihnen gehen durfte. Gerne möchte ich Ihnen zum Abschied folgende Worte Franz von Assisis ans Herz legen, die mich in schwierigen Zeiten inspirieren. Vielleicht können sie Ihnen ja ebenfalls als Kraftquelle dienen:

„Lass mich Liebe bringen, wo Hass ist,
Vergebung, wo Unrecht,
Versöhnung, wo Streit,
Wahrheit, wo Irrtum,
Glauben, wo Zweifel,
Hoffnung, wo Verzweiflung,
Freude, wo Traurigkeit,
Licht, wo Finsternis ist.
Lass mich nicht so sehr danach trachten,
getröstet zu werden, als zu trösten,
verstanden zu werden, als zu verstehen,
geliebt zu werden, als zu lieben.
Denn indem wir geben, empfangen wir,
indem wir verzeihen, wird uns verziehen,
und indem wir sterben,
werden wir geboren zum ewigen Leben."

In diesem Sinne alles Gute für Sie, Gesundheit und vor allem Kraft!

Wichtige Hilfen für pflegende Angehörige auf einen Blick

Ansprechpartner:innen bei Eintreten einer Pflegebedürftigkeit

Pflegekasse:
Zunächst einmal ist neben der Hausärztin bzw. dem Hausarzt oder der behandelnden Klinik die jeweils zuständige Pflegekasse erste Ansprechpartnerin der Wahl. Die Kasse berät Sie kostenfrei im Hinblick auf alle organisatorischen sowie rechtlichen Fragen und ist auch für die Vergabe eines Pflegegrades zuständig. Speziell für Privatversicherte ist die COMPASS Private Pflegeberatung zuständig. Sie bietet unter der Nummer **0800 – 101 88 00** eine neutrale Beratung an und ist online zu finden unter: **www.compass-pflegeberatung.de**.

Pflegestützpunkte und Pflegeberatung:
Bundesweit eingerichtete Pflegestützpunkte beraten Hilfesuchende unabhängig und kostenfrei. Erhältlich sind hier (neben einer auf den persönlichen Fall abgestimmten Beratung) Informationen über Versorgungsmöglichkeiten, Formulare sowie eine fundierte Einschätzung des Hilfebedarfs.

Die Stiftung „Zentrum für Qualität in der Pflege“ bietet eine Übersicht aller in Deutschland gelisteten Pflegestützpunkte an unter: **https://www.zqp.de/beratung-pflege/#/home**.

In diesem Verzeichnis sind auch Beratungsstellen von Wohlfahrtsverbänden sowie weitere von den Landesverbänden der Pflegekassen anerkannte Stellen und Personen aufgeführt.

Professionelle Hilfe erhalten Sie ferner bei den örtlichen Sozialberatungsstellen Ihrer Gemeinde, Stadt oder des Landkreises.

Bürgertelefon des Bundesministeriums für Gesundheit:
Ebenfalls eine gute Anlaufstelle in Fragen zur Pflegeversicherung ist das Bürgertelefon des Bundesministeriums für Gesundheit (online zu finden unter: **https://www.bundesgesundheitsministerium.de/service/buergertelefon.html**). Auf dessen Website können Sie darüber hinaus nützliche Broschüren zu verschiedenen Themen erhalten.
Erreichbarkeit:
Montag bis Donnerstag: 8.00–18.00 Uhr
Freitag: 8.00–12.00 Uhr
Telefonnummer: 030 – 340 606 602

Pflegetelefon:
Das Pflegetelefon „Wege zur Pflege" (**www.wege-zur-pflege.de**) des Bundesministeriums für Familie, Senioren, Frauen und Jugend (BMFSFJ) berät pflegende Angehörige kostenlos unter der Nummer **030 – 201 791 31** oder per Mail unter: info@wege-zur-pflege.de.
Erreichbarkeit:
Montag bis Donnerstag: 9.00–16.00 Uhr

Selbsthilfe- und Angehörigengruppen:
Selbsthilfe- und Angehörigengruppen werden von verschiedenen Träger:innen und Verbänden angeboten und sind oft unterschiedlich organisiert. Gute Ansprechpartnerin bei der Suche nach passenden Angeboten in Ihrer Region ist die Datenbank „NAKOS" (Nationale Kontakt- und Informationsstelle zur Anregung und Unterstützung von Selbsthilfegruppen). Hier können Sie sich unter der Nummer **030 – 31 01 89 60** beraten lassen oder erhalten online Hilfe unter: **www.nakos.de**.

Ehrenamtliche Helfer:innen:
Bundesweit gibt es viele verschiedene Ehrenamtliche, die pflegende Angehörige unterstützen. Alleine das „Netzwerk pflegeBegleitung" verzeichnet bundesweit über 150 Standorte und vermittelt qualifizierte Pflegebegleiter:innen. Online ist das Netzwerk zu finden unter:

www.pflegebegleiter.de. Hier gibt es auch eine regionale Übersicht der Unterstützungsangebote.

Alzheimer-Hilfe:
Die deutsche Alzheimer Gesellschaft e. V. bietet ein bundesweites Beratungsangebot für Menschen mit Demenz, Angehörige und alle, die sich in diesem Bereich engagieren. Die Beratung erfolgt per Mail (online über: **https://www.deutsche-alzheimer.de/alzheimer-telefon**) oder telefonisch (unter: **030 – 259 37 95 14**).
Erreichbarkeit:
Montag bis Donnerstag: 9.00–18.00 Uhr
Freitag: 9.00–15.00 Uhr

Psychologische Onlineberatung:
Das Onlineportal **www.pflegen-und-leben.de** unterstützt pflegende Angehörige mit kostenfreier psychologischer Beratung. Hier erhalten Sie Auskunft, Entlastung und fachkundige Hilfe bezogen auf Ihre ganz spezielle Situation.

Ansprechpartner:innen im Krisenfall

Hausärztin/Hausarzt, ärztlicher Bereitschaftsdienst oder Notaufnahme:
Im Krisenfall ist Ihre Hausarztpraxis eine kompetente Ansprechpartnerin. Außerhalb der Sprechzeiten finden Sie beim ärztlichen Bereitschaftsdienst unter der Nummer **116 117** Hilfe. Falls dies nicht infrage kommt, wenden Sie sich an die Notaufnahme der nächstgelegenen psychiatrischen Klinik. Darüber hinaus gibt es noch lokale Kriseninterventionsdienste, deren Kontaktdaten Sie online mit dem Suchwort „Krisenintervention“ und dem Namen Ihrer Stadt herausfinden können.

Telefonseelsorge:
Ebenfalls ist die Telefonseelsorge der christlichen Kirchen kostenlos rund um die Uhr für Sie verfügbar.

Evangelische Telefonseelsorge: 0800 – 1110111
Katholische Telefonseelsorge: 0800 – 1110222
Die Telefonseelsorge bietet auch eine Beratung per Mail oder Chat an. Das Onlineangebot ist zu finden unter:
https://online.telefonseelsorge.de/.

Deutsche Depressionshilfe:
Die deutsche Depressionshilfe (**www.deutsche-depressionshilfe.de**) bietet Hilfen und Informationen zum Umgang mit der Erkrankung unter der Nummer **0800 – 3344533** an.
Erreichbarkeit:
Montag, Dienstag und Donnerstag: 13.00–17.00 Uhr
Mittwoch und Freitag: 8.30–12.30 Uhr

Literaturverzeichnis

Abderhalden, C., Schulz, M., Stefan, H. & Winter, A. (2007). *Das Leben wieder in den Griff bekommen. Ein Handbuch zur Planung deiner eigenen Recovery.* Schweiz, Bern: Universitäre Psychiatrische Dienste (UPD).

BAGSO – Bundesarbeitsgemeinschaft der Senioren-Organisationen e. V. (2019). *Entlastung für die Seele – Ein Ratgeber für pflegende Angehörige* [Broschüre]. Abgerufen unter: https://www.bagso.de/fileadmin/user_upload/bagso/06_Veroeffentlichungen/2021/BAGSO_Ratgeber_Entlastung_fuer_die_Seele.pdf (01.12.2022).

Bauer, M. (2020, 27. April). *Emotionen kontrollieren: In 5 einfachen Schritten.* Selbstbewusstsein-staerken.net. Abgerufen unter: https://www.selbstbewusstsein-staerken.net/emotionen-kontrollieren/ (11.04.2023).

Beier, O. (o. J.). *Reha für pflegende Angehörige: Das sind Ihre Rechte.* Abgerufen unter: https://www.pflege-durch-angehoerige.de/reha-fuer-pflegende-angehoerige/ (03.01.2023).

Bergner, T. (2016). *Burnout-Prävention. Erschöpfung verhindern – Energie aufbauen. Selbsthilfe in 12 Stufen* (3. Auflage). Stuttgart: Schattauer GmbH.

beta Institut gemeinnützige GmbH (2023, 13. Januar). *Zuzahlungsbefreiung Krankenversicherung.* Abgerufen unter: https://www.betanet.de/zuzahlungsbefreiung-krankenversicherung.html (21.02.2023).

Bohnet-Joschko, S. & Bidenko, K. (2019). Hoch belastet und gefühlt allein gelassen. *Deutsches Ärzteblatt* Nr. 3, S. 20–24.

Braun, R. (2018). *Mindful @ work. Anleitungen für einen achtsamen Arbeitsalltag.* Stuttgart: Clett-Kotta.

Bräuer, E. (2019, 30. April). *Durchwachte Nächte: Pflege und Schlafprobleme.* Abgerufen unter: https://www.apotheken-umschau.de/pflege/selbstfuersorge/durchwachte-naechte-pflege-und-schlafprobleme-829455.html (21.02.2023).

Compass private pflegeberatung (o. D.). *Ernährung*. Abgerufen unter: https://www.pflegeberatung.de/beratung-planung/praevention/ernaehrung (21.02.2023).

De Paola, D. (2018). *Wege weg vom Stress. Der Ratgeber für pflegende Angehörige*. Norderstedt: Books on Demand.

Deutsche Rentenversicherung (2022, o. D.). *Die Grundsicherung für Bedürftige*. Abgerufen unter: https://www.deutsche-rentenversicherung.de/DRV/DE/Rente/In-der-Rente/Grundsicherung/grundsicherung_node.html (21.02.2023).

Deutsche Rentenversicherung Knappschaft-Bahn-See (2022, o. D.). *Häufige Fragen zu Minijobs*. Abgerufen unter: https://www.minijob-zentrale.de/DE/meta/faq-bereich/faq-bereich_node.html#faq-accordion-entry-9db5385d6d49-4d83-ad56-ca9dd52d0c8e_1c6a2dc6-c86d-4874-a1c0-c71191ae1c4d (03.01.2023).

Easier Life GmbH (2022, 8. Juni). *Reha und Kur: Das sind die Unterschiede*. Abgerufen unter: https://www.easierlife.de/magazin/de/reha-kur-unterschiede/ (21.02.2023).

Ehlers C., Müller, M. & Schuster, F. (2017). *Stärkenorientiertes Case Management. Komplexe Fälle in fünf Schritten bearbeiten*. Opladen, Berlin, Toronto: Barbara Budrich.

Englbrecht, S. (2010). *Lass los, was deinem Glück im Weg steht*. München: Gräfe und Unzer GmbH.

Franckh, P. (2006). *21 Wege, die Liebe zu finden*. München: Knaur.

Gardyan, A. (2017). *Worauf wartest du noch? Eine Ermutigung zum Aufbruch in der Lebensmitte*. Reinbek bei Hamburg: Rowohlt.

Gibran, K. (2014). *Der Prophet* (10. Auflage). München: Deutscher Taschenbuch Verlag GmbH & Co. KG.

Großhans, L. (2003). *Und wo bleibt mein eigenes Leben? Hilfe für pflegende Angehörige*. Stuttgart: Kreuz Verlag GmbH & Co. KG.

Gudjons, H., Pieper, M. & Wagener, B. (1999). *Auf meinen Spuren. Das Entdecken der eigenen Lebensgeschichte* (5. Auflage). Hamburg: Bergmann + Helbig.

Heiland, R. (2018). *Weil Worte wirken. Wie Arzt-Patienten-Kommunikation gelingt. Theorie – Praxis – Übungen*. Stuttgart: W. Kohlhammer GmbH.

Hofmeister, S. (2014). *Wo stehe ich jetzt und wo geht's jetzt hin. Wie Sie den roten Faden im Leben finden* (2. Auflage). München: Gräfe und Unzer GmbH.

Höhn, M. (1995). *Häusliche Pflege … und sich selbst nicht vergessen. Was pflegende Angehörige wissen sollten*. Köln: PapyRossa Verlags GmbH & Co. KG.

Immenschuh, U. & Marks, S. (2017). *Scham und Würde in der Pflege* (2. Auflage). Frankfurt am Main: Mabuse-Verlag.

Keil, A. (2017). *Wenn das Leben um Hilfe ruft. Angehörige zwischen Hingabe, Pflichtgefühl und Verzweiflung*. München: Scorpio.

Klingenberger, H. (2003). *Lebensmutig. Vergangenes erinnern, Gegenwärtiges entdecken, Künftiges entwerfen*. München: Don Bosco.

Klingenberger, H. (2017). *Biografiearbeit in Beratung und Coaching. Anlässe. Übungen. Impulse*. München: Don Bosco.

Langfeldt-Nagel, M. (2011). *Gesprächsführung in der Altenpflege*. München, Basel: Ernst Reinhardt Verlag.

Lenz, T.& Stiftung ZQP (2022, 9. März). *Was pflegende Angehörige bei Schlafproblemen tun können* [Pressemeldung]. Abgerufen unter: https://www.zqp.de/wp-content/uploads/ZQP_PI_SchlafAngehoerige.pdf (21.02.2023).

Leptihn, T. (2007). *50 Tipps für die Angehörigenarbeit in der Altenpflege* (2. Auflage). Hannover: Schlütersche Verlagsgesellschaft mbH & Co. KG.

Mallek, N. (2018, 19. Januar). *Die tolle Wolle. Eine Bewegungsgeschichte für die Gymnastik mit Senioren*. Abgerufen unter: https:/mal-alt-werden.de/die-tolle-wolle-eine-bewegungsgeschichte-fuer-die-gymnastik-mit-senioren/ (21.02.2023).

Müller, W., Hesse, W., Mittag, T. & Schmidt, L. M. (2019). *Pflegebedürftig – Was tun? Ein Ratgeber für pflegebedürftige Menschen und ihre Angehörigen* (5. Auflage). München: C.H. Beck oHG.

Paaßen, U. (2021, 5. Februar). *Ess- und Trinkbiografie*. Abgerufen unter: https://www.hauswirtschaft.info/ernaehrung/ess-und-trinkbiografie.php (21.02.2023).

Pflege durch Angehörige (o. D.). *Nächtliche Unruhe bei Demenz: Ursache und Abhilfe*. Abgerufen unter: https://www.pflege-durch-angehoerige.de/naechtliche-unruhe-bei-demenz-ursache-und-abhilfe/ (21.02.2023).

Pigorsch, M. (2018). *Diagnose Demenz. Ein Mutmachbuch für Angehörige*. Berlin: Springer.

Powell, J. (2009). *Hilfen zur Kommunikationbei Demenz* (5. Auflage). Köln: Kuratorium Deutsche Altershilfe.

Radenbach, J. (2009). *Aktiv trotz Demenz. Handbuch für die Aktivierung und Betreuung von Demenzerkrankten*. Hannover: Schlütersche Verlagsgesellschaft mbH & Co. KG.

Reddemann, L. (2008). *Eine Reise von 1.000 Meilen beginnt mit dem ersten Schritt. Seelische Kräfte entwickeln und fördern* (2. Auflage der Jubiläumsausgabe 2008). Freiburg im Breisgau: Herder.

Reichelt, U. (2017). *Schnell und sicher ins Burnout. 5 Glücksgesetze, die Sie missachten müssen, um schnell alt, krank und unglücklich zu werden.* Leipzig: dielus edition.

Roman, S. (1987). *Sich dem Leben öffnen. Schritte zu persönlichem Wachstum und geistiger Kraft.* Interlaken: Ansata.

Rosenberg, M. (2020, 20. November). *Krankentransporte & Krankenfahrten.* Abgerufen unter: https://www.pflege.de/leben-im-alter/krankentransporte-krankenfahrten/ (21.02.2023).

Schneider, A. (2020, 17. Mai). *Bewegungsgeschichten für Senioren. Klassisch, lustig, anregend! Eine kostenlose Auswahl.* Abgerufen unter: https://mal-alt-werden.de/bewegungsgeschichten-fuer-senioren-klassisch-lustig-anregend-eine-kostenlose-auswahl/ (03.01.2023).

Schwarz, G. (2013). *Leitfaden zur Pflegeversicherung.* Berlin: Deutsche Alzheimer Gesellschaft e. V.

Specht-Tomann, M. (2012). *Biografiearbeit in der Gesundheits-, Kranken- und Altenpflege* (2. Auflage). Berlin, Heidelberg: Springer.

Stadt Regensburg Seniorenamt (2022). *Wegweiser Pflege und Wohnen* (5. Auflage). Regensburg: Stadt Regensburg Seniorenamt.

Statistisches Bundesamt (2021, 30. September). *Ausblick auf die Bevölkerungsentwicklung in Deutschland und den Bundesländern nach dem Corona-Jahr 2020* [Datensatz]. Abgerufen unter: https://www.destatis.de/DE/Themen/Gesellschaft-Umwelt/Bevoelkerung/Bevoelkerungsvorausberechnung/Publikationen/Downloads-Vorausberechnung/bevoelkerung-deutschland-2035-5124202219004.pdf?__blob=publicationFile (17.01.2023).

Statistisches Bundesamt (2022, 21. Dezember). *Pressemitteilung Nr. 554 vom 21. Dezember 2022* [Pressemeldung]. Abgerufen unter: https://www.destatis.de/DE/Presse/Pressemitteilungen/2022/12/PD22_554_224.html (17.01.2023).

Stiftung Deutsche Schlaganfallhilfe (o. D.). *Wenn die Kommunikation schwierig ist.* Abgerufen unter: https://www.schlaganfall-hilfe.de/de/fuer-betroffene/alltag-mit-schlaganfall/angehoerige/wenn-die-kommunikation-schwierig-ist (21.02.2023).

Tell Beratung GmbH (o. J.). *Wie kann ich bei einer schweren Erkrankung als Angehöriger helfen?* Abgerufen unter: https://impulsdialog.de/ueber_uns/blog/trauma-leitfaden-hilfe-angehoerige-mitmenschen-umgang-unterstu-ezung-schweren-erkrankungen-diagnose-verstaendnis (19.01.2021).

Teusen, G. (2020). *Vom Glück und Schmerz sich um andere zu kümmern. Wie pflegende Angehörige es schaffen, auch für sich selbst zu sorgen – ganz ohne schlechtes Gewissen.* München: mgv Verlag.

Tischinger, M. (2019). *Auf die Seele hören. Wegweiser in ein selbstbestimmtes Leben.* Freiburg: Herder GmbH.

Tischinger, M. (2022). *Nur Mut zur Veränderung! Wie wir herausfordernde Zeiten gut gestalten können.* München: Neue Stadt GmbH.

Tischinger, M. (2017, 17. Juli). *Die Freude am Sein* [Vortrag]. Abgerufen unter: https://www.youtube.com/watch?v=_sTqfT6AFNs (19.01.2021).

Unfallkasse Nordrhein-Westfalen (o. J.). *Prävention von Erkrankungen. Informationen für pflegende Angehörige* [Broschüre]. Abgerufen unter: https://nfp.rms2cdn.de/nfp/artikel-dokumente/broschuere_praevention-erkrankungen_pflegende-angehoerige.pdf (19.01.2021).

Unfallkasse Nordrhein-Westfalen (2018). *Handlungshilfen für pflegende Angehörige. Strategien zur Organisation der häuslichen Pflege und der Selbstsorge* [Broschüre]. Abgerufen unter: https://www.google.com/url?sa=t&rct=j&q=&esrc=s&source=web&cd=&cad=rja&uact=8&ved=2ahUKEwitlNvf6_37AhVjSPEDHTShAGcQFnoECA8QAQ&url=https%3A%2F%2Fwww.unfallkasse-nrw.de%2Ffileadmin%2Fserver%2Fdownload%2Fpraevention_in_nrw%2Fpraevention_nrw_67.pdf&usg=AOvVaw1Y3iUnK7Rqu6_djdBsDMzo (21.02.2023).

Von Münchhausen, M. (2006). *Wo die Seele auftankt. Die besten Möglichkeiten, Ihre Ressourcen zu aktivieren* (5. Auflage). München: Goldmann.

Verbraucherzentrale (2022, 5. Juli). *Begutachtung durch den medizinischen Dienst. So können Sie sich vorbereiten.* Abgerufen unter: https://www.verbraucherzentrale.de/wissen/gesundheit-pflege/pflegeantrag-und-leistungen/begutachtung-durch-medizinischen-dienst-so-koennen-sie-sich-vorbereiten-13414 (03.01.2023).

Walhalla Fachredaktion (2021/2022). *Das gesamte Arbeitsrecht* (14. Auflage). Regensburg: Walhalla und Praetoria.

Walhalla Fachredaktion (2022). *Das gesamte Sozialgesetzbuch SGB I bis SGB XIV* (33. Auflage). Regensburg: Walhalla.

Wardetzki, B. (2019). *Loslassen & dranbleiben. Wie wir Veränderungen mutig begegnen*. München: Kösel-Verlag.

Weinberger, S. (2006). *Klientenzentrierte Gesprächsführung. Lern- und Praxisanleitung für psychosoziale Berufe* (11. Auflage). Weinheim, München: Juventa.

Weiss, B. (2015). Die Kraft der Vergebung. *Geo Wissen* Nr. 55, S. 156–158.

Wischhof, J. (2021, 21. Dezember). *3 Gründe, warum es uns glücklich macht, anderen zu helfen*. Abgerufen unter: https://zeitzuleben.de/helfen-macht-gluecklich/ (03.01.2023).

Yancey, P. (2002). *Wo ist Gott in meinem Leid?* Asslar: Gerth Medien GmbH.

Zentrum für Qualität in der Pflege (2020a, 17. Dezember). *Tipps gegen Rückenprobleme für Pflegende*. Abgerufen unter: https://www.pflege-praevention.de/tipps/rueckenprobleme-pflegende/ (29.11.2022).

Zentrum für Qualität in der Pflege (2020b). *Gewalt vorbeugen. Praxistipps für den Pflegealltag* [Broschüre]. Abgerufen unter: https://www.zqp.de/wp-content/uploads/ZQP-Ratgeber_Gewalt_vorbeugen.pdf (02.12.2020).

Zentrum für Qualität in der Pflege (2020c). *Essen und Trinken. Praxistipps für den Pflegealltag* [Broschüre]. Abgerufen unter: https://www.zqp.de/wp-content/uploads/ZQP-Ratgeber_EssenUndTrinken.pdf (21.01.2021).

Zentrum für Qualität in der Pflege (2021). *Ambulante Pflege. Gute professionelle Pflege erkennen* [Broschüre]. Abgerufen unter: https://www.zqp.de/wp-content/uploads/ZQP-Ratgeber-AmbulantePflege.pdf (29.11.2022).

Zentrum ÜBERLEBEN (o. D.a). *Besser Schlafen. Der Schlaf ist ein wichtiges Lebenselixier*. Abgerufen unter: https://www.pflegen-und-leben.de/strategien-hilfe/besser-schlafen/ (21.02.2023).

Zentrum ÜBERLEBEN (o. D.b). *Hinweise und Tipps für Extremsituationen. Bei seelischer Überlastung und Schuldgefühlen Lösungen finden*. Abgerufen unter: https://www.pflegen-und-leben.de/strategien-hilfe/tipps-fuer-extremsituationen/ (21.02.2023).

Zobel, E. (2019). *Das Pflege-Set*. Berlin: Stifung Warentest.

Peggy Elfmann

Mamas Alzheimer und wir

Erfahrungsbericht & Ratgeber

2. Aufl. 2022, 205 S., 19,95 Euro, ISBN 978-3-86321-597-2

Wie ein kräftiger Sturm wirbelt die Diagnose Demenz das Leben der Betroffenen, aber auch ihrer Familien durcheinander. Die Journalistin Peggy Elfmann kennt die Gefühle, Gedanken und Sorgen, mit denen Angehörige leben: Als ihre Mutter mit nur 55 Jahren an Alzheimer erkrankte, war das ein Schock für die damals 32-Jährige. Doch heute weiß sie, dass das Leben auch mit Alzheimer gut sein kann.
Dieses Buch ist ein berührender Erfahrungsbericht, aber nicht nur das: Er enthält Hintergrundwissen über Diagnose und Behandlung sowie viele persönlich erprobte Tipps zum Umgang mit Betroffenen und zur eigenen Bewältigung.

Jetzt beim Mabuse-Buchversand kaufen!
– portofrei innerhalb Deutschlands –
bestellen@mabuse-buchversand.de
www.mabuse-buchversand.de

Mabuse-Verlag

Christiane Grümmer-Hohensee, Michael Bohne

Klopfen gegen Stress

Prozess- und Embodimentfokussierte Psychologie (PEP) im Pflegealltag nutzen

2017, 160 S., 19,95 Euro
ISBN 978-3-86321-328-2

Die Tätigkeit in der Pflege ist äußerst anspruchsvoll und erfordert ein hohes Maß an Verantwortung und Kompetenz. Belastender Stress bleibt dabei nicht aus und ist ein ständiger Begleiter im Arbeitsalltag. Mit den Klopftechniken der Energetischen Psychologie zeigen sich ganz neue Wege, schnell und situationsbezogen auf stressvolle Momente im Pflegealltag zu reagieren.

Christian Zippel, Andreas Hoff (Hrsg.)

Älter werden – Älter sein

2017, 512 S., 29,95 Euro
ISBN 978-3-86321-345-9

Das Älterwerden und Ältersein wirft viele Fragen auf, für die Antworten gefunden werden müssen. Die Herausgeber haben darum über viele Jahre Fragen gesammelt, die in Seniorenbüros und anderen Institutionen eingegangen sind. Daraus ist ein breit angelegter Ratgeber entstanden. Das Buch richtet sich sowohl an Seniorinnen und Senioren als auch an Personen, die ihre älter werdenden und alt geworde nen Angehörigen optimal unterstützen wollen.

Katharina Gröning

Familien- und Geschlechtergerechtigkeit

Ein Plädoyer für die Schließung von Leerstellen

2021, 2018 S., 29,95 Euro
ISBN 978-3-86321-603-0

Tugenden und Leitbilder des stillen Samaritertums kennzeichnen die aktuelle Vorstellung von häuslicher Pflege. Obwohl zeitgleich mit der Einführung der Pflegeversicherung der Grundstein für eine neue, moderne Familienpolitik gelegt wurde, beschlossen die gleichen Abgeordneten eine höchst traditionale Pflegepolitik mit Elementen der Subsidiarität, der ehrenamtlichen Arbeit und des Opfers.

Jetzt beim Mabuse-Buchversand kaufen!
– portofrei innerhalb Deutschlands –
bestellen@mabuse-buchversand.de
www.mabuse-buchversand.de

Mabuse-Verlag

Katharina Gröning

Entweihung und Scham

Grenzsituationen in der Pflege alter Menschen

2018, 180 S., 26,90 Euro
ISBN 978-3-86321-187-5

Verkommt Pflege zur bloßen Aneinanderreihung von Verrichtungen, kann sie die Menschen im Pflegeprozess beschämen.
In der Überarbeitung ihres Standardwerkes untersucht Katharina Gröning die Pflege besonders hochaltriger und verletzlicher Menschen. Sie beleuchtet dabei den biografischen Hintergrund der Pflegenden und der Gepflegten.
Eine einzigartige Betrachtung der kulturellen, entwicklungspsychologischen und institutionellen Aspekte von Entweihung und Scham in der Pflege.

Ursula Immenschuh, Stephan Marks

Scham und Würde in der Pflege

Ein Ratgeber

2022, 114 S., 19 Euro
ISBN 978-3-86321-177-6

Dieser Ratgeber hilft, Würde und Scham in Pflegesituationen besser zu verstehen. Anschauliche Beispiele zeigen, hinter welchen Masken Scham sich verbergen kann und welche Rahmenbedingungen den angemessenen Umgang mit Schamgrenzen erschweren. Die Perspektive der Pflegenden (Laien und Professionelle) wird ebenso berücksichtigt wie die Perspektive der Menschen, denen Pflege zuteilwird.
Eine einzigartige Unterstützung für alle, die Pflege menschenwürdig gestalten wollen!

Ursula Immenschuh

Unerhörte Scham in der Pflege

Über die Notwendigkeit einer unbeliebten Emotion

2020, 184 S., 29,95 Euro
ISBN 978-3-86321-537-8

Schamgeschichten werden, wenn überhaupt, hinter vorgehaltener Hand erzählt. Doch die Scham hilft uns, unser soziales Zusammenleben zu gestalten. Nur wenn die Gefühlsarbeit einen zentralen Stellenwert bekommt, kann würdevolle Pflege geleistet werden. Anhand der beruflichen Realität von Pflegekräften wird sichtbar, welche Folgen die Verdrängung oder Bagatellisierung von Gefühlen haben kann, und wie nah Scham, Würde und Verantwortung beieinander liegen.

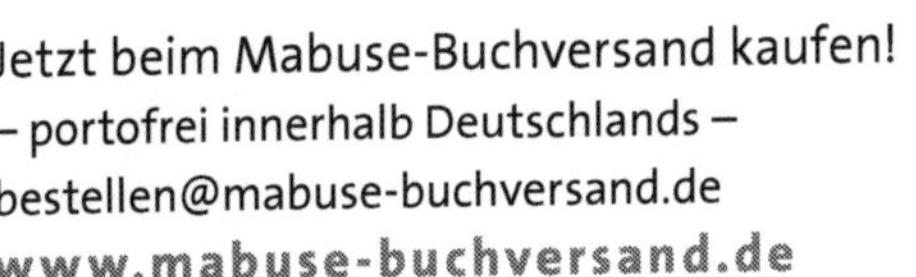

Dr. med. Mabuse

Zeitschrift für
alle Gesundheitsberufe

- kritisch
- unabhängig
- für ein soziales Gesundheitswesen

Schwerpunktthemen der letzten Hefte:

Schwangerschaft und Geburt (260) • Nähe und Distanz (259) • Sucht (Im Fokus: Cannabis) (258) • Sterben, Tod & Trauer (257) • Ausbildung & Studium (256) • Psychiatrie (255) • Ambulante Pflege (254) • Zwang (253) • Klima & Gesundheit (252) • Notfälle (251) • Gerechte Gesundheit (250) • Miteinander (249) • Public Health (248) • Gender & Medizin (247) • Pflege (246) • Digitalisierung (245) • Behinderung (244) • Komplementäre Therapien (243) • Impfen (242) • Gleichgewicht (241) • Demenz (240) • Sprache (239) • Global Health (238) • Sexualität (237) • Advance Care Planning (236) • Zeit (235) • Technik (234) • Schwangerschaft & Geburt (233) • Gewalt (232) • G-DRG (231) • Vorsorge (230) • Hospizarbeit (229) • Aus- und Weiterbildung (228) • Würde (227) • Arbeit und Gesundheit (226) • Interkulturalität (225)

Eine vollständige Übersicht aller erhältlichen Ausgaben finden Sie auf unserer Homepage.

Kostenloses Probeheft anfordern:

Dr. med. Mabuse
zeitschrift@mabuse-verlag.de
www.mabuse-verlag.de

Mabuse-Verlag